Entremets & Art

디저트 & 공예

이명호 · 김현석 · 박상준 공저

디저트

설탕공예

초콜릿

케이크

마지팬

기문사
www.kimoonsa.co.kr

Entremets & Art 를 펴내며

요즘 소비자들 참 까다롭습니다. 특유의 입맛도 잡아야 하고, 신선한 디스플레이는 물론 어떤 재료로 만들었는지도 꼼꼼히 살핍니다. 제과제빵에 디저트라는 새로운 변화의 바람이 불고 있는 까닭도 이러한 소비자들의 다양한 욕구의 진보 때문일 것입니다. 이제는 빵 그 이상의 것을 다양하게 보여주어야 할 때가 도래한 것입니다.

까다로운 소비자들이 날로 변화하고 있는데도, 서점에 보면 인터넷 홈베이킹 수준의 책들이 주류를 이루고 있습니다. 정작 기본기를 탄탄하게 쌓고 싶은 예비 제과제빵인들과, 다양한 전문지식을 얻고 싶은 전문제과사들에게 필요한 디저트 교재는 부족하다는 판단 아래 이 책을 집필하게 되었습니다.

본서는 디저트, 구움과자, 케이크, 마지팬, 설탕공예, 초콜릿 등 파티쉐로서 꼭 필요한 기술과 이론을 모두 다루었습니다. 또한 쉽게 배우고 이해할 수 있도록 공정과정을 사진과 함께 구성한 것이 특징입니다.

오랜 시간 동안 준비해 왔지만, 마지막 원고를 끝내면서 일말의 아쉬움을 느꼈습니다. 선배님, 제과제빵인들의 더 많은 관심과 지적을 통해 수정해나가도록 하겠습니다.

마지막으로 어려운 시기에 이 책이 완성될 수 있도록 협조해주신 기문사 한인환 사장님과 직원 여러분, 사진 예술을 그려주신 이광진 교수님께 작은 지면을 빌려 감사의 마음을 전하고자 합니다.

본서를 통하여 소비자들을 매혹시키는 전문 디저트의 세계로 나아가시기를 기원합니다.

저자 일동

Contents 차례

디저트와 구움과자

설탕공예 Sucre Artisanat d'art

초콜릿 Chocolat

케이크 *Gâteau*

마지팬 *Marzipan*

디저트와 구움과자

Gateaux Chocolate 가토 쇼콜라

Rehrucken 레휘켄

Royal Roule 로얄 룰레

Tranche aux Raisins 트라우젠 오 레이즌

Sweet Potato Cake 고구마 케이크

Mousse Orange 오렌지무스

Mousse Nougat et Madeleine 누가 마들렌 무스

Mangue Mousse 망고 무스

Bavarois aux Trois Chocolates 삼종 쇼콜라 바바로와

Buche a la Mangue a la Framboise 망고 산딸기 뷔슈

Fromage Blanc 프로마쥬 블랑

Entremets Café Whisky 앙트르메 카페 위스키

Jivara Exotique 지바라 에조틱

Pomme d' Acidulee 새큼한 사과케이크

Mont-Blanc 몽블랑

Thé Vert Mousse 녹차 무스

Mango Chocolate Drink 망고 쇼콜라 드링크

Framboison 후람보아존

Amelemo 아메레모

Coco 코코

Blanc Miel 블랑 미엘

Plum et Mangue Cristal 매실 망고 크리스탈

디저트 Dessert(Entremets)

디저트에 대한 표현을 Entremets로 정의하고 중세기부터 프랑스에서 사용되는 용어이다.

근원을 더듬어보면 앙뜨르메는 처음 앙뜨레메Entre-사이에, 중간에-Les Met 즉, 요리와 요리 사이의 음식이란 의미로 사용되어 왔다.

Met은 Service를 의미하는 말로 점차 Service 요리 혹은 그것을 놓은 접시로 표현되었고 중세로마의 식사양식이 호화로워 여흥이 쇼와 요리 사이로 연결되어 절정을 이루었는데 이러한 과정에서 연회의 막간을 이용해 즐거움을 주기 위한 요리문화로 앙뜨레메Entremet라고 하는 것을 탄생시켰다.

Dessert 낱말의 근원은 '식탁을 치우다' 혹은 '접시를 내리다' 라는 프랑스에 데세르비르Desservir에서 유래되었다.

불어로 Dessert를 나타내는 Entremets란 단어가 있다. 이 단어의 기원은 중세 Rot고기, 생선, 빵 등을 불에 구운 다음에 나오는 야채를 곁들인 요리 또는 마술 노래와 같은 Spectacles를 Entremets라 하였으나 지금은 Dessert를 의미한다.

Dessert의 종류는 크게 3가지로 나누어

Entremers Chauds더운 앙뜨르메

Entremers Froids차가운 앙뜨르메

Glace(Ice cream) 등이 있다.얼린 앙뜨르메

Dessert에도 설탕과 버터를 줄이려는 현상이 있으며, Cream을 사용한 Gàteau à la Crème이 많이 생산되고 있다. 또한 Mousse, Bavarois, Soufflè에서는 가급적 Gelatine의 함량을 줄이려는 경향이 있으며, 미각적 효과를 위해 Sauce와 주재료의 온도 대비 방법을 이용하고 있다.

1. 차가운 디저트(Cold Dessert, Entremets Froids)

① Bavaroise ② Pudding
③ Mousse ④ Jelly
⑤ Charlotte ⑥ Fruit Salad
⑦ Fruit Compote

• **Bavaroise** 바바로와는 냉과자류에 속하는 푸딩류에 하나로 유래는 독일의 바이에른Bayern 지방의 부유한 귀족의 집에서 일하는 프랑스인 조리사가 음료, 주스 등 마시는 것을 부드럽게 먹기 위해 다른 것과 혼합하여 굳혀 먹는 것이 최초이다.

그 후 19C경 프랑스 조리사 카레므Careme가 노른자를 사용하고 젤라틴을 합하여 새로운 맛을 내게 되었다.

바바로와는 찬 디저트류의 대표적인 것으로 지금은 모든 제과의 크림으로 널리 쓰이고 있다. 바바로와의 종류는 과일의 종류에 따라 향신료의 종류에 따라 다양하게 만들어 쓸 수 있고 젤라틴이 들어 있어 모양을 여러 형태로 낼 수 있다.바닐라, 민트, 딸기, 초콜릿 등

• **Pudding** 바다를 항해하는 배 안에서 요리라 과자가 개발되어지는데 푸딩도 그중의 하나이다.

시대는 정확하지 않지만 선원들이 남은 빵부스러기와 밀가루, 계란 등의 재료를 섞어서 맛을 내고 냅킨으로 싸서 끈으로 묶어 찜구이를 하여, 여기에 치즈 등을 얹어 먹었던 것이 푸딩의 시초이다. 푸딩은 증기에 찐 것, 오븐에 굽는 것, 차게 굳히는 것이 있다.

증기에 찐 푸딩은 무겁고 딱딱한 느낌이 드나 푸딩이 뜨거울 때 뜨거운 소스와 함께 차려내고 구운 푸딩은 계란과 우유 또는 크림으로 만든 커스터드와 함께 결합된다.(이 중탕으로 굽는 것이 일반적이다)

차게 굳힌 푸딩은 일반적으로 젤라틴이 함유된 푸딩으로 계란 흰자를

주재료로 하여 기포를 한 후 젤라틴을 넣은 것이다. 커스터드, 초콜릿, 자이스, 브레드 푸딩 등

• **Mousse** 무스란 "어떤 액체 위에 생기는 거품", "생크림과 계란 흰자로 만든 디저트 또는 앙뜨레메"라고 풀이되어 있다.

무스는 여러 가지 타입으로 "용기에 들어 있는 것", "무스를 샌드한 것", "과일을 이용한 것" 등으로 나눌 수 있고 또 머랭 이외의 소재로 나누어 보면 "버터를 사용한 것", "생크림을 사용한 것", "초콜릿을 사용한 것" 등이다.

무스는 다음의 3가지 종류로 크게 분류한다.

① 노른자와 설탕을 기본 바탕으로 하는 무스로 우유, 과즙이 주요 수분 재료이며 양주도 많이 쓴다.

② 흰자와 크림의 거품을 기본 바탕으로 과일을 필수적으로 사용하는 것

③ 초콜릿을 기본 바탕으로 크림, 환자, 노른자 등의 거품을 섞는 초콜릿 무스

• **Jelly** 젤리란 일반적으로 설탕 또는 설탕용액 응고제를 넣고 냉각시켜 굳힌 부드러운 과자를 말한다.

응고제의 종류에 따라 젤라틴 젤리, 펙틴 젤리, 한천 젤리 등으로 나눈다.

디저트용 젤리는 젤라틴을 사용해 만든 것으로 과즙 또는 와인, 리큐르 등의 액체와 설탕에 젤라틴을 넣어 굳힌 것이 있다..

펙틴 젤리는 과즙과 설탕을 일정 방법으로 졸여 펙틴과 설탕의 굳는 성질을 이용해 굳힌 젤리 또는 잼이나 과일 봉봉 등이 있다.

젤리는 입에 넣을 때 부드럽게 녹는 상쾌한 맛이 중요하다.

그 부드러운 맛은 젤라틴의 양에 좌우되는 보통 액체량의 2~4%가 좋으며 유리컵 등에 직접 넣어 그대로 굳히는 경우는 4% 정도가 적당하다.

그 이상 넣을 경우 딱딱하고 맛이 떨어지며 너무 적게 넣을 경우 젤리

의 풍미와 탄력이 없어지므로 맛이 반감된다. 과일젤리, 와인젤리, 과일 사바용, 샴페인 젤리 등

• **Charotte** 샤롯트란 파리여성의 명사로써 앙토랑카렘이 Russia 원정시 샤롯트를 처음 만들었다는 기록이 있으나 어떤 문헌에는 훨씬 이전부터 만들어졌다고 하기도 한다.

샤롯트 케이크은 파리 여성들의 모자형을 기본으로 제조하고 있으나 현재의 샤롯트 개념은 정해진 케이크틀을 이용하여 만든 앙뜨르메 Entremets인데 레이디 핑거Lady finger 혹은 비스퀴 아 라 퀴이에르 biscuit à la Cuillère라고 불리는 건과자를 케이크틀 내부에 돌려 갖가지 모양틀로 응용하여 만든다.

또, 레이디 핑거 대신에 제노와즈 케이크에 고르프 등을 돌린 다음 Bavaroise Cream을 채워 응고시킨다.

• **Fruit Salad** 푸르츠 샐러드는 각종 계절과일에 양주와 시럽을 합하여 부드러운 맛을 낸 것이다.

Butter party 또는 Set Menu의 디저트 코스로 어울리는 것으로 Fruit Punch와 비슷하나 Fruit Salad는 Fruit cooktail보다는 고급스럽고 내용물이 다양하다고 볼 수 있다.

• **Fruit Compote** 서양 과일은 당도는 높으나 구연산 함량이 적어 과일을 시럽에 넣어 삶아 차갑게 식혀 제공한다.

과일을 1/4 크기로 잘라 레몬껍질, 오렌지, 바닐라, 계피껍질 등과 시럽을 넣어 삶는 경우도 있으며, 살구잼이나 콘스타치를 틀에 넣어 걸죽하게 하기도 한다.

대체로 당도는 18이 적당하며 황도, 백도 등이 좋은 과일 콤포트Fruit compote라고 할 수 있다.

2. 더운 디저트(Hot Dessert, Entremets Chauds)

더운 디저트는 Oven에 굽는 법, 더운 물or 우유에 삶아내는 법, 기름에 튀겨내는 법, Pan에 익혀내는 법, 알코올로 flambe 하는 법 등이 있다.

① Soufflè(수플레) ② Flambèes(플랑베)
③ Crepe(크랩) ④ Gratin(그라탕)
⑤ Beignets(베리네트)

• **Soufflè** 푸딩류에 속하는 수플레는 계란 흰자의 기포성을 통하여 부드러운 고급 디저트를 만들 수 있다.

수플레의 종류는 크림 수플레와 과일 수플레로 구분되는데 여러 가지 향료, 양주, 과즙에 따라 다양하다.

수플레는 말 그대로 모양이 위로 부풀어 오른 푸딩이다. 오븐에서 나온 수플레는 즉시 고객에게 내야 한다. 시간이 지나면 수플레는 가라앉고 딱딱해지기 때문이다. 수플레는 소스와 곁들여 내면 맛을 더욱 증가시킬 수 있다.

레몬, 아몬드, 초콜릿 수플레, 짤츠브르그노케르-오스트리아 지명에서 유래되었으며 알프스산 모양으로 머랭을 쌓아 올려 구운 것이다.

• **Flambèes** 불어로 '불꽃', '화염', '태운', '구운' 등의 뜻으로 식사를 한층 더 화려하게 장식을 하고, 과일을 주 재료로 해서 덥게 만들어지는 앙뜨르메(Entremet)라 하며 과일에 설탕, 버터, 과일주스, 리큐르 등으로 조리하는 것이다.

뜨거운 것과 찬 것을 조화시켜 손님 앞에서 직접 만드는 것으로 대개 럼주를 따뜻하게 데워 그 위에 뿌리면서 프라이팬을 기울여 아랫불을 대면 불꽃이 올라 붙는다.

이때 서브하여 환상적인 분위기와 맛을 내는 최고의 프랑스식 앙뜨르메(Entremet)이다. 체리 쥬비리(Cherry jubilee), 바나나 플랑베(Banana Flambees)

• **Crepe** '실크와 같이', '비단천' 이라는 뜻을 지닌 크레이프(Crepe)는 중세부터 내려온 과자로 당시의 크레스프(Cresp), 크리스프(Crisp)에서

유래되었으며, 당시 빵 대용간식으로 즐겨 먹었고, 현재 프랑스의 전통적인 디저트로 다양하게 사용되고 있다. 크랩수젯-Crepes Suzett, 크랩 임페리얼-Paupiette Crepe Imperial, 과일 크랩-Fruit Crepes

- **Gratin** 주재료인 과일을 올려놓고 그 위에 이탈리아식 Sauce(Sabayan)를 담은 다음 오븐에 구워내는 것을 그라탱Gratin은 원래 이탈리아에서 유행했던 디저트인데 이것을 프랑스에서 응용하여 만들어졌다. 로얄 그라탕(Royal Gratin), 과일 그라탕과 샤베트(Fruit Gratin)

- **Beignets** 영어로 프리터Fritters라고 하며 가장 쉽게 표현하여 과일에 반죽을 싸서 기름에 튀겨내는 앙뜨레메(Entremet)라고 하면 이해가 빠르다. 여기에 필요한 반죽을 프리터 베터Fritter Batter라고 하여 프랑스 명칭은 파트 아 프리드Pâte à prire이다.
  베리네트를 손님에게 낼 때는 기름에 튀긴 후 더울 때 윗면에 슈거파우더를 뿌린 다음 앙글레이즈 소스, 또는 바닐라 소스를 곁들여 내기도 한다. 많이 사용하는 과일은 파인애플, 사과, 배, 복숭아 등이 있다.

3. 얼린 앙뜨레메(Les Glaces Dessert)

① Ice Cream(아이스크림) ② Sherbet(샤벳)
③ Parfait(파르페) ④ Souffle Glace(슈플레 그라스)
⑤ Cassata(카사타) ⑥ Marquises(마르퀴즈)
⑦ Bomb, Bombe(봄브)

- **Ice Cream** 아이스크림이 시작된 것은 그리스 로마시대 높은 산의 얼음과 눈을 이용하여 음식을 차게 먹었다는 설과 중국이나 팔레스타인 등 여러 가지 설이 있지만 그것은 눈과 얼음에 알코올이나 음료, 과일과즙을 섞어 만든 빙수나 샤벳에 가깝다고 할 수 있다.
  오늘날 아이스크림의 형태는 1774년 프랑스 루이와가의 요리장이 만든 크림에 계란과 감미료를 넣어 얼린 제품을 만들었다고 한다.

이탈리아에서 주스를 얼려 아이스캔디를 만들던 것에 농축유나 연유, 분유 등을 사용 해 영양가를 높이면서 지금의 아이스크림과 흡사한 빙과를 만들어낸 것이다.

• **Sherbet** 영국 문헌에 샤벳이라는 말이 처음 나타난 것은 1603년이다. 전래된 바에 의하면 그 무렵 토 미레오라는 요리사가 찰스1세의 연회 석상에 차가운 마실 것을 내놓아 일약 평판을 얻었다.
그는 그 제법을 남에게 누설하지 않겠다는 약속 하에 20파운드의 연금을 받았다고 한다.
당시의 것은 과일 주스나 포도, 리큐르 등을 사용한 샤벳으로 완전히 얼린 하찮은 차가운 마실 것이었다고 되어있다.
이탈리아 상인에 의해 레몬 또는 오렌지 에이드Orangeade가 찬 음료로 일반인에게 팔리게 되었다.
샤벳이 아이스크림과 다른 점은 계란과 유지방을 사용하지 않는다는 것이다. 설탕, 물, 과일, 산, 과실 및 과실향료, 안정제를 주원료로 하여 냉동시킨 제품으로 진한 풍미보다 청량감이 우선하다는 점이 다르다.
또한 아이스크림보다 부드럽고 가볍다. 당도는 18~26를 기준으로 하고 있다.

• **Parfait** '완전한', '완벽한'이라는 뜻으로 생크림과 양주 등을 섞은 고급 크림반죽을 틀에 넣거나 컵에 담아 동결시켜 만든 것이다.
이것은 냉동고에 넣어 얼린 다음 사용할 수 있고 과일을 장식하여 냉동고에 두었다가 제공할 수 있다. 또한 제공시 이러한 아이스크림 종류를 컵에 층층으로 담아서 과일소스를 곁들여 제공하는 경우도 많다.

• **Souffle Glace** Ice Souffle와 같은 의미로 쓰여지며 호텔이나 양식당에서 고급 디저트 메뉴에 Ice cream대용으로 쓰여진다.
커스타드 크림을 재료로 하여 만든 크림 앙글레이즈와 계란 흰자 머랭과 생크림 리큐르 등을 이용하여 만든 Ice Souffle 등이 있다.

대체로 유지방이 적고 당도가 낮아 부드러움을 선호하는 것으로 점차 사용도가 높아지고 있다.

- **Cassata** 이탈리아의 대표적인 디저트로서 3가지 아이스크림을 기본으로 조화를 이루어 만든 아이스크림이다.
세 개의 서로 다른 아이스크림을 층을 이루게 흘려서 굳힌 다음 이탈리안 머랭과 생크림을 기포하여 섞어서 굳힌 아이스크림 위에 부어 얼려서 만든다.
이때 삼색은 이탈리아 국기를 연상할 수 있다.
아이스크림 명칭도 이탈리아 지명을 따서 나포리텐Napolitaine, 시실리안Sicilian 등으로 불리고 있다.

- **Marquises** 마르퀴즈는 주로 딸기나 파인애플에 키어시를 첨가하여 만든다.
어떤 과일을 주된 과일로 하느냐에 따라 여러 가지 이름이 붙여지며 배합에서는 과즙과 향료외에 생크림을 30~50% 기포해서 넣고 물 100%에 대하여 페이스트는 30~55%를 사용하여 넣는다.
대개 만드는 방법은 샤벳과 비슷하다.
샤벳보다 약간 동결을 더하기 때문에 표면 이 단단하다.

  * 마르퀴즈는 샤벳과 비슷하지만 생크림과 과즙이 많이 들어가서 단단하고 향이 진한 편이다.

- **Bomb, Bombe** Bomb란 사전에 폭탄, 수류탄이란 뜻을 가지고 있는데 이 제품의 모양이 둥근공 모형을 반으로 자른 모형으로 폭탄과 닮았다는데서 유래한 것이다.
제조법은 먼저 Bomb 케이크틀을 냉동고 속에 넣어 차갑게 한 다음 아이스크림을 최소한 1cm 두께로 바르고 다시 냉동고에 넣어 굳힌 다음 그 안에 생크림으로 만든 Bomb 반죽을 채워 넣고 윗면을 평평하게 한 다음 종이나 비닐을 씌우고 냉동시킨다.

Gateaux Chocolate

Gateaux Chocolate

가토 쇼콜라

초콜릿을 주재료로 하여 밀가루가 거의 들어가지 않은 케이크로 부드럽고 촉촉한 케이크이다. 크리스마스 케이크로도 많이 응용이 되고 있으며 장식으로 머랭을 이용하여 버섯과 산타를 만들어 올려놓았다.

| 재 료

다크 초콜릿 525g, 버터 385g, 생크림 385g, 계란 1,050g, 슈거파우더 140g, 물엿 210g, 설탕 525g, 박력분 175g, 코코아 245g

| 제조공정

1. 초콜릿을 중탕한 후 버터와 생크림(끓여도 됨)을 섞어준다.(가나슈)
2. 보울에 계란 노른자와 슈거파우더, 물엿을 넣어 섞어준 후 1)을 넣어 혼합한다.
3. 계란흰자와 설탕으로 머랭을 만든다.
4. 2)에 3)을 1/2 넣어 섞어준다.
5. 4)에 체질한 가루분을 넣어 혼합한다.
6. 5)에 나머지 머랭을 1/2 넣어 혼합한다.
7. 팬닝 : 2호팬 5개 분량
8. 굽기 : 150~160℃ – 1시간~1시간30분

Garnish

1

식힌 가토 쇼콜라에 생크림을 짜준 후 슈거파우더를 뿌려준다.

2

1)에 머랭으로 만든 산타할아버지와 소나무 및 사인판을 올려준다.

3

2)에 다시 슈거파우더를 뿌려준다.

4

완성된 모양

Rehrucken

Rehrucken

레뤼켄

레뤼켄이란 노루의 등심부위 모양을 이야기하는 것으로 밀가루를 쓰지 않는 마카롱 반죽과 부드러운 아몬드 반죽이 조화된 케이크이다. 중앙 부분을 잘라 딸기쨈 또는 버터크림을 발라서 모양을 내준다.

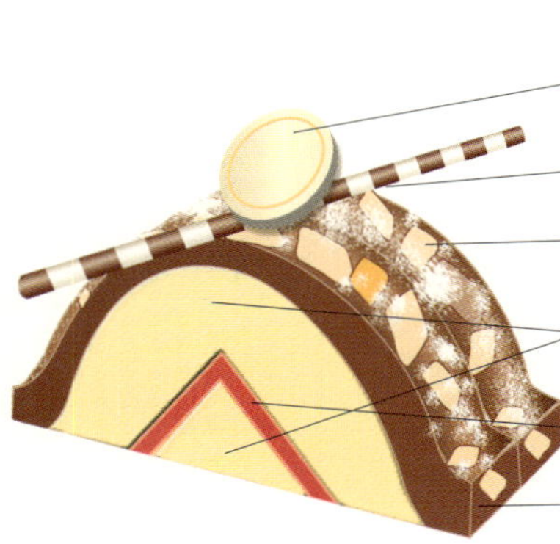

1. 마카롱

A. 재료 흰자 360g, 설탕 315g, 아몬드분말 315g, 코코아 90g

B. 제조공정

1. 흰자와 설탕으로 머랭을 만든다.
2. 1)에 체질한 아몬드분말과 코코아를 넣어 섞어준다.

2. 아몬드 반죽

A. 재료 버터 470g, 설탕 420g, 계란 450g, 아몬드분말 420g, 박력분 195g, B.P 18g, 키워시(술) 39cc

B. 제조공정

1. 버터를 부드럽게 풀어준 후 설탕을 넣어 크림화시킨다.
2. 1)에 계란을 조금씩 넣어 부드러운 크림상태로 만든다.
3. 2)에 체질한 체질한 아몬드분말과 박력분, B.P를 가볍게 섞어준다.
4. 3)에 키워시를 섞어준다.

■ 슬라이스 아몬드(조별) 100~200g, 딸기쨈 1통, 슈거파우더

Finition

1. 레뤼켄틀에 버터칠을 한 후 슬라이스 아몬드를 묻힌다.
2. 1)에 A)의 반죽을 발라준다.
3. 2)에 B)의 반죽을 60~70% 짜준다.
4. 팬닝 : 레뤼켄틀 6개 분량
5. 굽기 : 160/170℃ - 30~40분
6. 5)를 식힌 후 중앙부분을 삼각형으로 자른 후 버터크림이나 딸기쨈으로 마무리한 후 슈거파우더를 뿌려준다.

Garnish

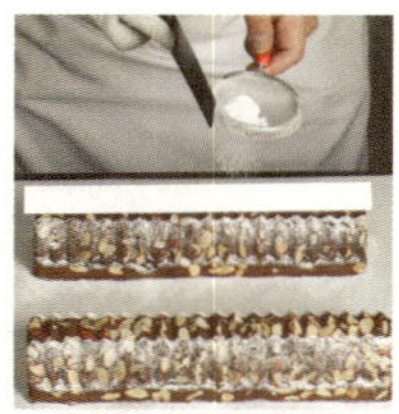

1

식힌 레뤼켄에 속 부분을 삼각형으로 잘라 딸기쨈 또는 버터크림을 바른 후 다시 붙여준다. 그리고 윗면에 슈거파우더를 뿌려준다.

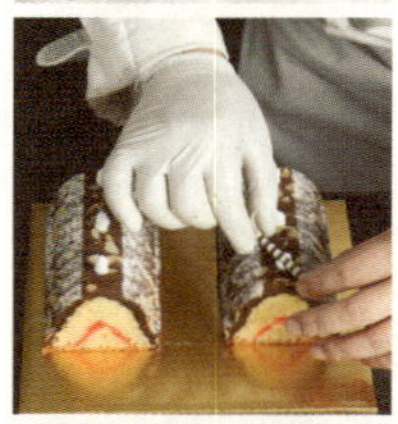

2

1)에 버터크림을 짜준다.

3

2)에 초콜릿 시가렛을 장식한다.

4

3)에 사인판을 올려 장식한다.

Royal Roule

Royal Roule

로얄 룰레

최고의 롤을 뜻하는 제품으로 단백질 함량을 줄이기 위하여 전분을 넣어 만든 제품이다. 계란 사용량이 많으므로 부드러운 스폰지케이크이다. 윗면에 이탈리안 머랭을 이용하여 모양을 낸 후 토치 등을 이용하여 그을려 모양을 내준다.

1. 반죽

A. 재료 계란 1050g, 설탕 450g, 바닐라 3g, 소금 3g, 박력분 168g, 전분 168g, B.P 6g, 유화제 90g

B. 제조공정(단단계법)

1. 계란을 믹서보울에 넣고 풀어준다.
2. 1)에 나머지 전재료를 넣고 기포한다.
3. 저속 2분-고속 3분-저속 1분
4. 팬닝(평철판 3장)
5. 굽기 : 190~200/120~130 - 10~15분

2. 시럽

A. 재료 물 300g, 설탕 150g, 럼주 75g

B. 제조공정

1. 물과 설탕을 끓인다.
2. 1)이 식으면 럼주를 넣어 섞어준다.

3. 이탈리안 머랭

A. 재료 계란흰자 300g, 설탕 600g, 물 180g

B. 제조공정

1. 물과 설탕을 끓인다.
2. 1)이 식으면 럼주를 넣어 섞어준다.

■ 사과잼(적당량), 딸기 1box

Finition

1. 롤 반죽에 잼을 바른 후 말아준다.
2. 1)을 냉동고에 넣어 잠깐 굳혀준다.
3. 2)에 이탈리안 머랭으로 아이싱을 한다.
4. 3)에 별 모양깍지에 이탈리안 머랭을 담아 모양을 낸다.
5. 4)에 토치로 모양을 내준다.
6. 5)의 윗면에 딸기로 장식을 해준다.

Garnish

1

로얄 룰레를 잼으로 말아준 후 이탈리안 머랭을 만들어 전체 발라준다.

2

1)에 별모양깍지로 하트와 모양을 짜준다.

3

2)를 토치로 그을려준다.

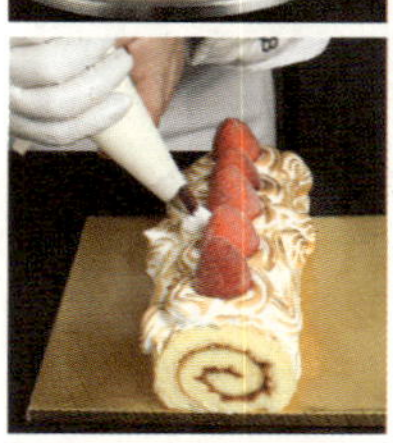

4

3)에 딸기로 장식한다.

Tranche aux Raisins

Tranche aux Raisins

트라우젠 오 레이즌

트라우젠은 자른 과자를 뜻하는 말로 조각케이크를 만드는 것이다. 레이즌의 모양을 가나슈를 이용하여 모양을 짜거나 선물용 케이크로 스파튜라를 이용하여 모양을 내주기도 한다.

1. 트라우젠 오 레이즌

A. 재료 계란 1120g, 설탕 640g, 박력분 480g, 코코아 80g, 건포도 160g, 럼주 some, 버터 120g

B. 제조공정

1. 계란과 설탕을 중탕하여 100% 믹싱한다.
2. 1)에 체질한 박력분, 코코아를 넣어 가볍게 섞어준다.
3. 2)에 중탕한 버터를 넣어 섞어준다.
4. 3)에 건포도와 럼주를 섞어준다.
5. 팬닝 : 철판 3장분
6. 굽기 : 190/155℃ – 10~15분

2. 가나슈

A. 재료 다크 초콜릿 1000g, 생크림 500g, 럼주 50cc

B. 제조공정

1. 생크림을 손잡이 냄비에 넣어 끓인다.
2. 초콜릿을 잘게 썰어 놓는다.
3. 2)에 1)을 부어 섞어준다.
4. 3)에 럼주를 넣어 가볍게 섞어준다.

■ 코코아가루 1kg(전체량)

Finition

1. 트라우젠 오 레이즌을 3장 가나슈로 샌드한다.
2. 1)의 윗면에 가나슈를 발라준다.
3. 2)를 냉동고에 넣어 굳힌다.
4. 3)을 8등분하여 그위에 가나슈로 모양을 낸다. 또는 4×8cm로 자른 후 포도모양을 짜준다.

Garnish

1

가나슈로 샌드한 제품에 가나슈를 스파튜라로 묻혀준다.

2

1)의 전체를 묻혀준다.

3

2)의 중앙에 버터크림을 짜준다.

4

3)에 사인판을 올려 장식한다.

1

가나슈로 샌드한 제품을 알맞은 크기로 잘라준다.

2

1)에 원형 모양깍지로 포도모양을 짜준다.

3

2)에 코코아를 뿌려준다.

4

코코아를 뿌린 것과 뿌리지 않은 완성품

가나슈 만들기

1

가나슈의 기본 재료들

2

생크림을 끓인다.

3

2)를 잘게 썰은 초콜릿에 부어준다.

4

3)을 유화시킨다.

Sweet Potato Cake

Sweet Potato Cake

고구마 케이크

건강식 케이크로 고구마를 삶아서 으깬 후 카스타드 크림과 크림치즈를 넣어 고급스러운 맛을 내준 제품이다. 윗면은 자르기 쉽게 모양을 잡아준 후 여러 가지 장식으로 응용한다.

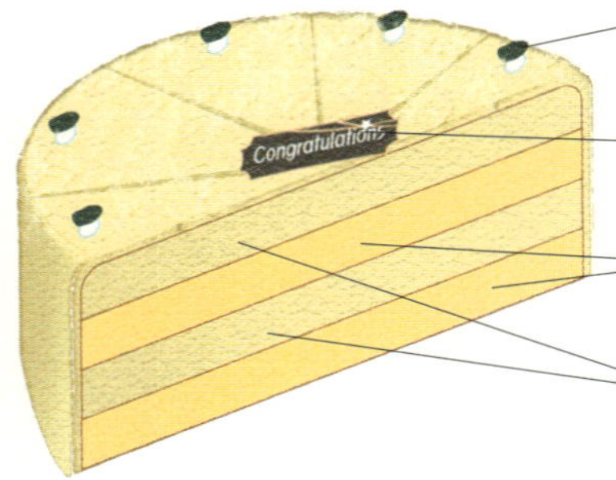

1. 카스타드 크림

A. 재료 우유 600g, 노른자 6개, 설탕 138g, 전분 75g, 박력분 12g, 바닐라향 소량, 버터 36g

B. 제조공정

1. 우유를 손잡이 냄비에 넣어 80~90℃로 끓인다.
2. 다른 보올에 노른자를 넣어 풀어준 후 설탕, 박력분, 전분, 바닐라향을 넣어 섞는다.
3. 2)에 1)을 3회 나누어 넣어 섞어준 후 불 위에서 끓인다.
4. 3)에 버터를 넣어 섞어준 후 식힌다.

2. 디프로매트 크림

A. 재료 카스타드크림 840g, 생크림 360g

B. 제조공정

1. 생크림을 60%~70% 오버런한다.
2. 1)에 식은 카스타드크림을 넣어 섞어준다.

3. 고구마 크림

A. 재료 고구마(삶은 것) 1200g, 디프로매트 크림 1200g, 크림치즈 100g, 럼주 60cc

B. 제조공정

1. 고구마를 삶아 껍질을 제거한다.
2. 1)을 부드럽게 으깨준 후 식힌 다음 디프로매트 크림을 섞어준다.
3. 2)에 포마드 상태로 만든 크림치즈를 넣어 혼합한다.
4. 3)에 럼주를 섞어준다.

4. 화이트 스폰지(8인 기준)

A. 재료 박력분 580g, 계란 21ea, 식용유 110g, B · P 8g, S · P 40g, 물 110g, 설탕 600g, 물엿 50g

B. 제조공정

1. 물과 식용유를 제외한 모든 재료를 넣어 100% 기포한다.
2. 1)에 물과 식용유를 넣어 가볍게 섞어준다
3. 2)를 2호팬에 팬닝한다.(8개 분량)
4. 180℃ 오븐에 넣어 굽는다.

■ (전체량) : 피스타치오 40알, 생크림 200g

Finition

1. 2호 세라클틀에 화이트 스폰지를 넣는다.
2. 1)에 고구마크림을 80% 지점까지 넣어준다.
3. 2)의 위에 다시 화이트 스폰지를 얹는다.(틀 100%)
4. 생크림을 가볍게 바른다.
5. 4)를 냉동고에 넣어 굳힌다.
6. 5)가 굳으면 윗면과 옆면에 생크림으로 아이싱을 한 후 케이크가루를 묻혀준다.
7. 윗면을 8등분 표시를 한 후 생크림과 피스타치오로 장식을 한다.

Garnish

1

냉동고에 굳힌 고구마 케이크에 케이크 가루를 전체 붙여준다.

2

도구를 이용하여 모양을 찍어준다.

3

2)의 중앙 부분들에 생크림을 짜준다.

4

3)에 피스타치오와 사인판을 붙여준다.

Mousse Orange

Mousse Orange

오렌지 무스

오렌지를 당처리한 후 앙글레이즈 소스와 함께 섞어 만든 제품으로 무스 크림을 만들 때의 제법 중 하나이다. 오렌지의 달콤한 맛과 새큼한 맛이 조화된 케이크이다.

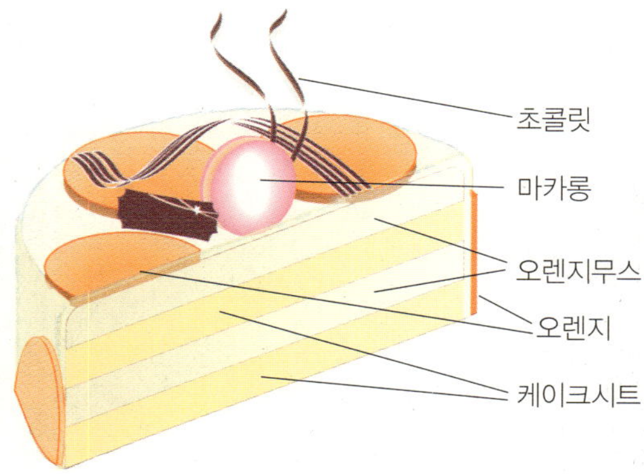

Up Side Down Cake

1. 오랑주 바바로와

A. 재료 우유 720g, 바닐라빈 1개, 설탕 200g,
계란노른자 14개, 설탕 140g, 오렌지과즙 264g,
젤라틴 32g, 생크림 720g, 그랑마니아 20cc

B. 제조공정

1. 우유, 바닐라빈, 설탕을 끓인다.
2. 다른 보울에 계란노른자, 설탕, 오렌지 과즙을 섞은 후 1)과 섞은 후 앙글레이즈 크림을 만든다.
3. 2)에 불린 젤라틴을 섞은 다음 식혀준다.
4. 3)에 생크림을 60% 정도 오버런한 후 1/2씩 섞어준다.

2. 오렌지 당절임

A. 재료 오렌지 4개, 물 400g, 설탕 400g

B. 제조공정

1. 오렌지를 두께 3mm 정도로 자른다.
2. 냄비에 물과 설탕을 넣어 105℃까지 끓인다.
3. 2)에 1)을 넣어 당절임시킨다.

Finition

1. 2호 세라클틀에 당절임시킨 오렌지를 옆면에 장식한다.
2. 1)에 세라클틀 1/2 정도 오랑주 바바로와를 채운다.
3. 2)의 밑면에는 시럽을 바른 케이크시트를 놓아준다.
4. 3)의 위에 다시 오랑주 바바로와를 가득 채워준다.
5. 4)의 윗면에 시럽을 바른 케이크시트를 놓는다.
6. 5)를 냉동고에 넣어 굳힌다.
7. 6)의 세라클틀 윗면에 미로와에 오렌지 과즙을 섞어 발라준다
8. 7)에 과일 등으로 마무리한다.

Garnish

1

세라클 틀을 토치를 이용하여 달구어준다.

2

1)에 미로와를 발라준 후 세라클틀을 제거한다.

3

세라클틀을 제거한다.

4

3)에 마카롱과 초콜릿을 장식한다.

Mousse Nougat et Madeleine

Mousse Nougat et Madeleine

누가 마드렌 무스

무스 다양한 견과류와 무스크림 중 하나인 파트 아 봄브를 이용하여 만든 무스케이크로 로마지팬을 넣어 부드러운 마드렌 시트와 조화된 케이크이다.

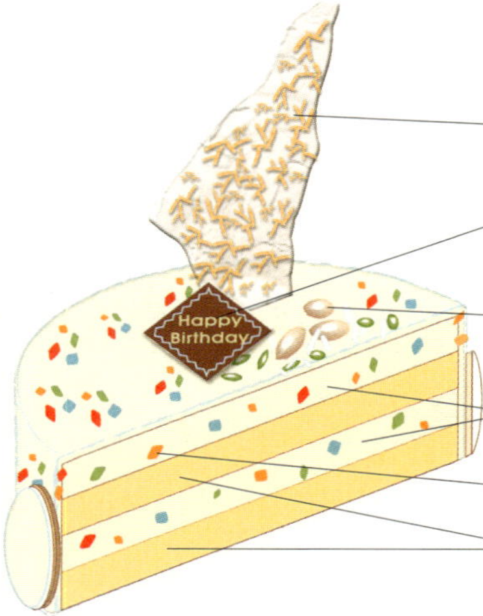

Up Side Down Cake

1. 무스 누가

A. 재료 계란노른자 176g, 꿀 388g, 판 젤라틴 15g, 생크림(35%) 1,100g, 아몬드 78g, 피스타치오 78g, 드레인드체리 78g, 건포도 69g, 오렌지 필 126g, 키르슈 78cc

B. 제조공정

1. 믹서보울에 계란노른자를 넣어 기포한다.
2. 꿀을 115~120℃로 끓인 후 1)에 넣어 봄브를 만든다.(불린 젤라틴을 중탕으로 녹여 혼합)
3. 생크림을 60% 오버런한 후 2)에 1/2씩 혼합한다.
4. 견과류를 자른 후 랩으로 쌓은 후 냉동고에 넣어 차갑게 한 후(가라앉지 않게 하기 위하여) 3)에 견과류를 혼합한다.

2. 마드렌느

A. 재료 로마지판 280g, 슈거파우더 260g, 계란노른자 390g, 소금 1g, 생크림(42%) 225g, 바닐라빈 1/2개, 꿀 38g, 박력분 225g, 베이킹파우더 3.5g, 럼주 35cc, 레몬즙, 껍질 1개분

B. 제조공정

1. 로마지팬에 계란노른자를 2개씩 넣어 손으로 혼합한다.
2. 나무주걱으로 슈거파우더와 소금을 1)에 넣어 혼합한다.
3. 생크림과 바닐라빈을 60℃로 끓인 후 2)에 넣어 혼합한다.
4. 3)에 꿀 혼합한 후 분종류 혼합한다.
5. 4)에 럼주와 레몬즙, 껍질을 혼합한다.
6. 세라클1호에 6개분량 팬닝.(실펫을깐다)
7. 굽기 : 180℃ - 20~30분

3. 장식용

재료 드레인드체리 150g, 피스타치오 150g, 아몬드 150g

Finition

1. 비닐을 깔고 그 위에 세라클을 깔고 장식용 견과를 밑에 깔아준다.
2. 1)에 누가무스를 넣어준 후 마드렌느를 얹고 다시 무스를 넣어준 후 시트를 얹은 후 냉동고에 넣어 굳힌다.
3. 2)를 Up Side Down으로 미로와를 바르고 틀을 제거한 후 옆면에 마카롱을 붙인다.

윗면에는 미로와와 초콜릿으로 장식한다.

Garnish

1

세라클틀을 토치를 이용하여 달구어준다.

2

1)의 세라클틀을 제거한다.

3

2)에 피스타치오, 아몬드, 크로캉트, 초콜릿을 장식한다.

Mangue Mousse

Mangue Mousse

망고 무스

열대과일 중 맛있는 망고를 이용하여 이탈리안 머랭을 섞어서 망고의 색을 낸 무스케이크이다. 옆면은 시가렛 반죽으로 모양을 내준다.

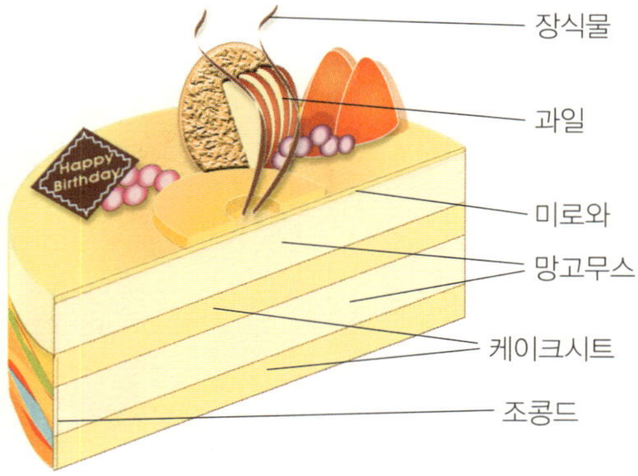

1. 망고 무스

A. 재료 계란흰자 170g, 설탕 340g, 물 100g, 젤라틴 28g, 망고퓨레 600g, 생크림 600g

B. 제조공정

1. 계란 흰자를 보올에 넣어 70% 기포한다
2. 물과 설탕을 120℃로 끓인다.
3. 1)에 2)를 넣어 이탈리안 머랭을 만든다.
4. 망고퓨레 일부와 불린 젤라틴을 녹여 섞은 후 다시 망고 퓨레에 넣어 섞어준다.
5. 3)에 4)를 넣어 섞어준다.
6. 5)에 생크림을 60% 오버런하여 혼합한다.

2. 시가렛

A. 재료 계란 흰자 100g, 슈거파우더 100g, 버터100g, 박력분 100g

B. 제조공정

1. 버터를 부드럽게 풀어준 후 슈거파우더를 넣어 크림화한다.
2. 1)에 계란흰자를 넣어 섞어준다.
3. 2)에 체질한 가루분을 섞어준다.
4. 3)을 3가지 정도의 색을 만든 후 실리콘 페이퍼에 모양을 낸 후 냉동고에 굳힌다.
5. 4)에 비스퀴이 반죽이나 조콩드 반죽을 부어 210~220℃ 온도로 굽는다.

3. 장식물

A. 재료 물 100g, 물엿 100g, 박력분 80g, 설탕 200g, 버터 100g, 잘게 썬은 아몬드 100g

B. 제조공정

1. 박력분과 아몬드를 뺀 모든 재료를 넣고 끓인다.
2. 1)에 박력분을 넣어 섞어준다.
3. 2)에 잘게 썰은 아몬드를 섞어준다.
4. 철판에 실리콘 페이퍼를 깔고 3)을 넓게 펴준다.
5. 180℃ 오븐에서 굽는다.

Finition

1. 2호 세라클 옆면에 시가렛을 잘라 2/3 높이까지 돌려준다.
2. 1)의 바닥에 케이크 시트를 넣는다.
3. 2)에 망고무스를 1/2까지 채운다.
4. 3)에 케이크 시트를 올린다.
5. 4)에 망고무스를 틀에 가득 넣은 후 윗면을 매끄럽게 만든 다음 냉동고에 넣어 굳힌다.

Garnish

1

세라클틀을 제거한 후 미로와에 망고퓨레를 섞어 윗면에 뿌려준다.

2

1)에 다시 미로와를 뿌려준다.

3

2)의 윗면을 스파튜라로 정리해준다.

4

여러 가지 과일로 장식한다.

Bavarois aux Trois Chocolates

Bavarois aux Trois Chocolates

삼종 쇼콜라 바바로와

화이트, 다크, 밀크 초콜릿 3종을 이용하여 잉글레이즈 소스와 섞어서 만든 케이크로 윗면에는 글라사쥬를 코팅하여 굳힌 냉과류이다.

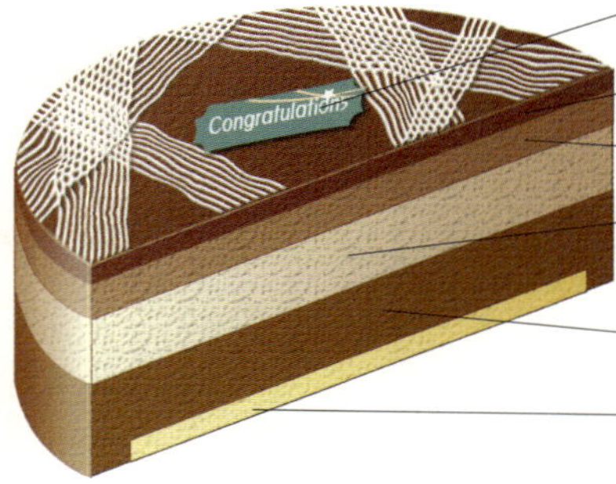

1. 쇼콜라 바바로와

A. 재료 우유 500ml, 생크림 500ml, 노른자 16ea, 설탕 175g, 젤라틴 24g, 생크림 1000g, 초콜릿(화이트, 밀크, 다크 각각) 134g

B. 제조공정

1. 냄비에 우유, 생크림, 설탕 1/2을 넣어 끓인다.
2. 다른 보울에 노른자+설탕 1/2을 섞어준다.
3. 1)을 2)에 1/2을 넣어 섞어준 후 다시 1)에 넣어 끓인다.(80~ 85℃까지 앙글레이즈)
4. 불린 젤라틴이 있는 큰 보울에 3)을 섞어준 후 3등분한다.
5. 4)를 중탕(또는 잘게 자른 것에)한 화이트 1/3, 밀크 1/3, 다크에 1/3을 넣어 섞어준다.
6. 5)를 차가울 때까지 식힌다.
7. 생크림을 1/3씩 6)에 각각 섞어준다.(화이트, 다크, 밀크 바바로와를 만든다)

※ 생크림 혼합시 1/3을 바바루와에 넣어 거품기로 섞어준 후 2/3 생크림은 주걱으로 섞는다.

2. 코코아 시럽

A. 재료 물 125g, 설탕 125g, 코코아 25g

B. 제조공정

1. 물과 설탕을 끓인다.
2. 1)에 코코아를 넣어 끓여준다.

3. 코코아 글라사쥬

A. 재료 물 100ml, 설탕 150g, 물엿 25g, 젤라틴 8g, 코코아 30g

B. 제조공정

1. 냄비에 물을 넣고 약간 데운다.
2. 1)에 물엿과 설탕 넣어 끓인다.
3. 2)가 끓으면 코코아를 넣어 다시 끓인다.
4. 3)이 살짝 끓으면 불린 젤라틴이 있는 보울에 체에 내려서 섞어준다.
5. 4)를 식힌다.

4. 화이트 스폰지(10인 기준)

A. 재료 박력분 580g, 계란 21ea, 식용유 110g, B · P 8g, S · P 40g, 물 110g, 설탕 600g, 물엿 50g

B. 제조공정

1. 물과 식용유를 제외한 모든 재료를 넣어 100% 기포한다.
2. 1)에 물과 식용유를 넣어 가볍게 섞어준다
3. 2)를 2호팬에 팬닝한다.(8개 분량)
4. 180℃ 오븐에 넣어 굽는다.

Finition

1. 세라클 2호에 무스띠를 돌려준다.
2. 세라클보다 작은 원형을 케이크 시트에 코코아 시럽을 발라준다.
3. 2)를 세라클(1)틀에 넣어준다.
4. 3)에 다크 바바루와를 채워준다.(국자로)
5. 4)를 냉동고에 넣어 살짝 굳힌다.
6. 5)에 화이트 바바로와를 채워준다.(국자로) → 냉동고에 넣어 살짝 굳힌다.
7. 6)에 밀크 바바로와를 가득 채워준다(국자로) → 냉동고에 넣어 굳힌다.
8. 7)에 코코아 젤리를 부어준다.(국자로)
9. 8)을 냉동고에 잠깐 넣어 굳힌다.
10. 틀을 제거한 후 9)의 윗면에 화이트 초콜릿을 짜준다.

Garnish

1

냉동고에서 굳힌 바바로와에 글라사쥬를 발라준다.

2

1)에 화이트 초콜릿으로 모양을 내준다.

3

2)의 중앙부분에 생크림을 짜준다.

4

3)에 사인판을 올려 장식한다.

코코아 글라사쥬

1

냄비에 물을 넣고 약간 데운 후 물엿과 설탕을 넣어 끓인다.

2

코코아를 넣어 다시 끓인다.

3

살짝 끓으면 젤라틴을 넣어 끓여준다.

4

체에 내려서 식혀준다.

Buche a la Mangue a la Framboise

Buche a la Mangue a la Framboise

망고 산딸기 뷔슈

크리스마스 케이크 뷔슈케이크로 산딸기와 망고의 무슬린 크림이 조화를 이룬 케이크이다. 윗면에는 바삭바삭한 크럼블을 올려 3가지의 맛이 어우러진 케이크이다.

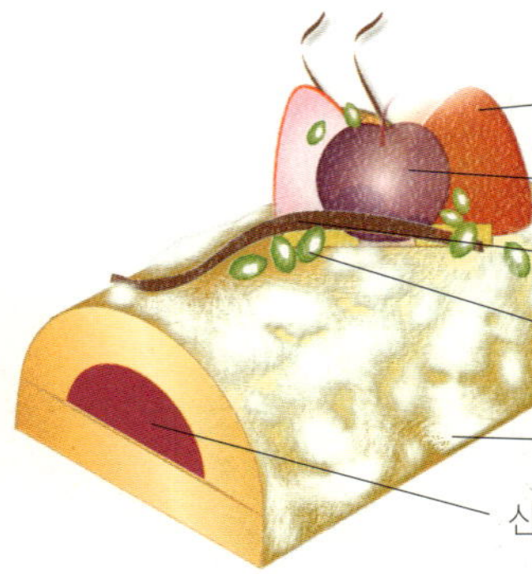

1. 다쿠와즈(철판 1/2개용)

A. 재료 흰자 150g, 아몬드분말 130g, 슈거파우더 150g, 설탕 50g

B. 제조공정

1. 계란흰자와 설탕으로 90~100%의 머랭을 만든다.
2. 아몬드분말과 슈거파우더를 체질한다.
3. 1)을 큰 보울에 옮긴 후 2)를 넣어 섞어준다.
4. 3)을 철판에 팬닝한다.
5. 4)의 1/2에 잘게 썬 아몬드를 뿌린 후 슈거파우더를 전체 뿌려준다.
6. 굽기 : 180~200℃ – 15분

2. 망고무슬린

A. 재료 망고퓌레 250g, 버터 65g, 노른자 50g, 설탕 84g, 감자전분 20g, 젤라틴 2장, 버터 65g, 키르슈 18g, 생크림 140g

B. 제조공정

1. 망고퓨레와 버터를 냄비에 넣고 끓인다.(저어주면서)
2. 보울에 노른자, 설탕, 전분을 섞어준다.
3. 2)에 1)을 1/3 정도 넣고 섞어준 후 다시 전체를 넣어 섞은 다음 냄비에 부어 다시 카스타드크림처럼 끓인다.
4. 불린 젤라틴에 3)을 부어 섞어준 후 랩을 깐 철판에 부어 다시 랩을 씌운 후 냉장 또는 냉동에서 식힌다.(아주 차가우면 안 된다.)
5. 포마드보다 조금 더 단단한 버터를 믹서기에 넣고 크림화한다.
6. 4)를 부드럽게 풀어준 후 5)에 다 넣은 후 다시 믹싱한다.
7. 6)에 키르슈를 부어 믹싱한다.
8. 7)에 60~70% 오버런한 생크림을 넣어 고무주걱으로 섞어준다.

3. 크럼블

A. 재료 분당 100g, 버터 90g, 박력분 160g, 바닐라액 some

B. 제조공정

1. 보울에 밀가루, 바닐라, 슈거파우더와 조금 부드러운 버터를 넣고 샤블레한다.(소보루)
2. 1)을 실펫 깐 철판에 부어 150℃에서 30~40분 굽는다.
3. 2)가 색이 나면 실펫으로 전체 바꾼 후 스파튜라로 자르면서 다시 굽는다.

4. 산딸기 크레뫼

A. 재료 산딸기퓌레 250g, 감자전분 12g, 설탕 4g, 젤라틴 2장

B. 제조공정

[크림처럼 소프트하게(크림의 형용사)
꿀레는 젤리를 연상하므로]

1. 산딸기 퓌레를 끓인다.
2. 보울에 설탕과 감자전분을 섞어준다.
3. 1)을 저어주면서 끓을 때 2)에 조금 넣어 섞어준 후 다시 전체를 넣어 섞은 다음 거품기로 저어주면서 카스타드크림처럼 끓인다.
4. 불린 젤라틴이 있는 보울에 3)을 부어 섞은 후 얼음물에 식힌다.
5. 4)를 부드럽게 만든다.

Finition

1. 다쿠와즈를 뷔쉐틀보다 약간 작게 자른다.(틀에 넣기 불편할 때는 3등분하여 넣는다.)
   안에 넣을 것은 2cm 정도로 자른다.
2. 틀에 물엿 또는 버터칠을 한 후 실리콘 페이퍼를 깐다.(실리콘 페이퍼가 틀보다 조금 높게)
3. 2)에 망고무스를 모양깍지 1cm에 담아 바닥에 1/2 정도 높이로 짠다.
4. 3)의 가운데를 스파튜라로 긁어낸다. 그 안에 산딸기 크레뫼를 넣고 다쿠와즈를 깐다.
5. 4)에 다시 짤주머니로 한줄 짜준 후 스파튜라로 다듬는다.
6. 다시 옆면에만 망고무슬린을 짜준 후(같은 두께, 틀까지) 스파튜라로 다듬는다.
7. 6)의 가운데에 산딸기 크레뫼를 짤주머니에 담아 짜준다.
8. 7)의 위에 망고무슬린을 짜준 후 스파튜라로 노바시한 후 다쿠와즈를 얹고 가볍게 눌러 냉동고에 넣어 굳힌다.
9. 8)을 굳힌 후 실리콘 페이퍼를 제거한다.
10. 토치로 가볍게 녹인 후 크럼블을 붙여준다.(전체)
11. 10)의 윗면에 슈거파우더를 뿌려준다.(부분적으로, 코코아도)
12. 11)에 딸기, 복숭아, 피스타치오, 바닐라 등을 장식한다.

Garnish

1

도요가다틀에 토치를 이용하여 달구어준다.

2

1)의 틀을 제거한 후 실리콘 페이퍼를 제거한다.

3

2)를 2등분하여 스파튜라로 다듬어준다.

4

크럼블을 붙이고 미니 파인애플 바닐라빈 체리, 딸기로 장식한다.

Fromage Blanc

Fromage Blanc

프로마쥬 블랑

소비자가 가장 선호하는 크림치즈를 넣어 만든 케이크이다. 크림치즈에 요플레를 넣어 맛을 한층 더 좋게 하였으며 캐릭터 케이크로도 응용할 수 있다.

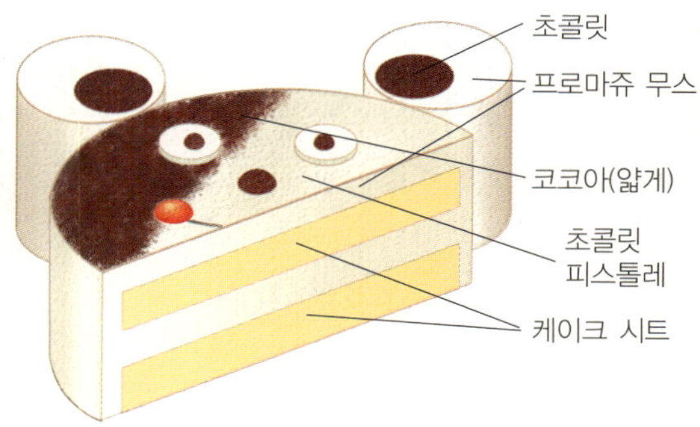

1. 프로마쥬 무스

A. 재료 설탕 320g, 물 90g, 노른자 160g, 크림치즈 1000g, 설탕 75g, 판젤라틴 36g, 생크림 1160g, 요플레 딸기 2통

B. 제조공정

1. 설탕과 물을 117~118℃로 끓인 후 노른자에 넣어 파트 아 봄브를 만든다.
2. 생크림을 60% 오버런한다.
3. 크림치즈(중탕)와 설탕을 중탕하여 매끄럽게 만든다.
4. 불린 젤라틴을 녹여 3)에 혼합한다.
5. 4)에 파트 아 봄브를 섞어준다.
6. 5)에 생크림을 혼합(3회 보올을 바꾸어 주면서 혼합)한다.

2. 화이트 스폰지(10인 기준)

A. 재료 박력분 580g, 계란 21ea, 식용유 110g, B · P 8g, S · P 40g, 물 110g, 설탕 600g, 물엿 50g

B. 제조공정

1. 물과 식용유를 제외한 모든 재료를 넣어 100% 기포한다.
2. 1)에 물과 식용유를 넣어 가볍게 섞어준다.
3. 2)를 2호팬에 팬닝한다.(8개 분량)
4. 180℃ 오븐에 넣어 굽는다.

3. 초콜릿 피스톨레

A. 재료 카카오 버터 1500g, 화이트 초콜릿 1500g

B. 제조공정

1. 카카오버터와 초콜릿을 30~32℃로 녹여 섞는다.

Finition

1. 2호 세라클 틀에 케이크 시트를 2호보다 작게 잘라 넣어준다.
2. 1)에 프로마쥬 무스를 1/2까지 넣어준다.
3. 2)에 다시 케이크 시트를 올려준다.
4. 3)에 프로마쥬 무스를 틀에 가득 넣어 윗면을 스파튜라로 매끄럽게 정리한다.

   ※ 2호 세라클 4개와 소형 8개에 팬닝한다.
5. 4)를 냉동고에 넣어 굳힌다.
6. 5)의 세라클 틀을 제거한 후 초콜릿 피스톨레를 분사한다.
7. 6)에 초콜릿과 체리로 장식한다.

Garnish

1

초콜릿 피스톨레(화이트와 다크)

2

냉동고에서 굳힌 프로마쥬의 세라클 틀을 제거한 후 초콜릿 피스토레를 뿌려준다.

3

코코아와 초콜릿 등으로 장식한다.

Entremets Café Whisky

Entremats Café Whisky

앙트르메 카페 위스키

커피의 향을 이용한 케이크로 아몬든 반죽을 이용한 조콩드 반죽과 조화를 이룬 케이크이다. 윗면에는 초콜릿을 분사하여 모양을 내주었다.

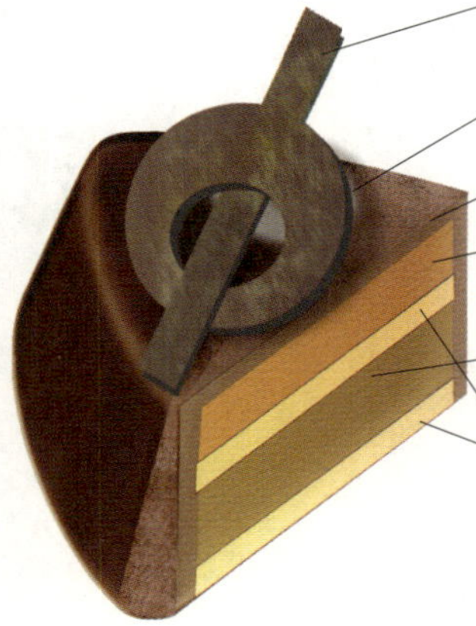

Up Side Down Cake

1. Biscuit Jonconde

A. 재료 아몬드 분말 210g, 분당 160g, 박력분 60g, 계란 300g, 계란 흰자 6ea, 설탕 90g, 버터 40g

B. 제조공정

1. 버터를 중탕으로 녹인다.
2. 믹서 보울에 아몬드 분말, 계란을 넣고 기포한다.
3. 다른 보울에 흰자+설탕으로 머랭을 제조(80%)한다.
4. 2)를 큰 보울에 옮긴 후 1)의 버터에 반죽을 조금 섞은 다음 다시 부어 혼합한다.
5. 4)에 3)을 넣고 밀가루를 부어 섞어준다.

2. Pate á Bombe(플렉쉬팬 18개 분량)

A. 재료 계란노른자 160g, 설탕 130g, 물 50g

B. 제조공정

1. 설탕과 물을 120℃까지 끓인다.
2. 보울에 노른자를 넣고 1)을 부어 봄브를 만든다.

3. Mousse café

A. 재료 파트아봄브 140g, 커피에센스 20g, 젤라틴 6g, 생크림 180g

B. 제조공정

1. 불려 녹인 젤라틴을 커피에센스와 섞어준다.
2. 1)에 봄브를 넣어 섞어준다.
3. 2)에 생크림을 60% 오버런하여 섞어준다.

4. Mousse whisky

A. 재료 파트아봄브 140g, 드람뷔 35ml, 위스키 30ml, 젤라틴 8g, 생크림 230g

B. 제조공정

1. 불린 젤라틴을 녹여 위스키와 드람뷔를 넣어 섞어준다.
2. 1)에 봄브를 섞어준다.
3. 2)에 생크림을 섞어준다.

Finition

1. 플렉쉬팬에 무스카페를 짜준다.
2. 1)에 비스퀴이 조콩드를 올려준다.
3. 2)에 위스키무스를 짜준다.
4. 3)에 비스퀴이 조콩드를 올려 냉동고에 넣어 굳힌다.

Garnish

1 냉동고에서 굳힌 후 플렉쉬팬을 제거한 다음 초콜릿 피스톨레를 뿌려준다.

2 판을 돌려주면서 전체 뿌려준다.

3 글라사쥬와 초콜릿, 마카롱으로 장식한다.

Jivara Exotique

Jivara Exotique

지바라 에조틱

고급 제품 중에 하나로 샤브레반죽을 초벌구이한 후 엔조틱과 비스퀴반죽과 지바라 반죽을 각각 얹어서 만든 케이크이다. 윗면에 초콜릿을 피스톨레하여 만든다.

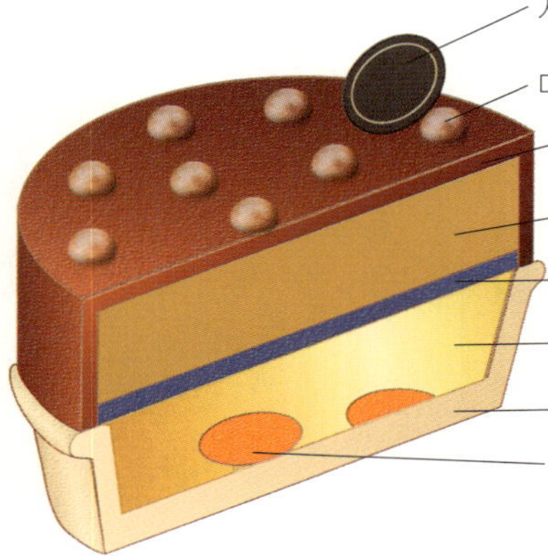

1. Pâte sucre

A. 재료 버터 180g, 슈거파우더 120g, 소금 2g, 계란 60g, 아몬드 분말 40g, 박력분 300g

B. 제조공정

1. 버터와 소금을 섞어 부드럽게 한다.(손믹싱)
2. 1)에 계란은 조금만 넣고 슈거파우더를 넣어 혼합한다.
3. 2)에 나머지 계란을 혼합한다.(거품을 낼 시 오븐에서 부풀거나 흘러내린다)
4. 3)에 아몬드 분말과 박력분을 혼합한다.
5. 한 덩어리로 만든 후 하루 숙성한 다음 사용한다.
6. 5)를 밀대에는 강력분 사용하여 민다.
7. 6cm 타르틀(=세라클틀)에 담기 위해 8㎝로 찍어 넣어 실펫(구멍 있는 것-들뜨는 것 방지)에 놓고 냉동고에 굳혀 팥을 넣고 굽는다.(초벌구이) → 190/180℃
8. 다시 구워서 나온 후 계란노른자와 약간의 물을 발라 막을 만든다.

2. Biscuit amande

A. 재료 아몬드 분말 110g, 슈거파우더 70g, 박력분 15g, 흰자 140g, 그라뉴당 80g

B. 제조공정

1. 흰자와 그라뉴당으로 머랭을 만든다.
2. 1)에 아몬드 분말과 슈거파우더 그리고 박력분을 혼합한다.
3. 철판에 놓고 팬닝한다.
4. 굽기 : 190℃~210℃

3. Crème jivara

A. 재료 밀크초콜릿 250g, 계란 노른자 20g, 그라뉴당 30g, 우유 45g, 생크림 170g

B. 제조공정

1. 우유를 끓인다.
2. 노른자와 그라뉴당을 섞는다.
3. 2)에 1)를 섞어 다시 앙글레이즈를 만든다.
4. 밀크 초콜릿을 녹인다.
5. 3)을 4)에 섞는다.(36℃까지 식힌 후 사용)
6. 50% 오버런한 생크림을 5)에 섞어준다.

4. Crème exotique

A. 재료 패숀퓨레 70g, 망고퓨레 35g, 코코넛 퓨레 60g, 라임주스 10g, 그라뉴당 85g, 젤라틴 10g, 계란 100g, 버터 60g, 생크림 80g

B. 제조공정

1. 퓨레와 라임을 살균한다.(75℃)
2. 1)에 그라뉴당, 계란을 넣어 확실히 끓인다.
3. 2)에 불린 젤라틴을 섞어준다.
4. 3)에 버터를 넣어 섞는다.(20℃↓)
5. 4)에 생크림을 혼합한다.

5. 쇼콜라 피스톨레

A. 재료 초콜릿 3 : 카카오버터 2

B. 제조공정

1. 소형 세라클에 크렘 지바라를 짜준 후 수저로 작업을 한 다음 비스퀴 아망드를 놓는다.
2. 1)에 랩을 덮은 후 철판을 올려 누른 다음 굳힌다.
3. 파트 슈크레에 오렌지 당절임을 넣고 크렘 엑조틱을 짠 후 굳힌다.
4. 2)를 꺼낸 후 피스톨레한 후 3)에 올린다.
5. 미로와를 짜준 후 사인판을 장식한다.

Garnish

1

냉동고에서 굳힌 자바라의 틀을 제거한 후 초콜릿 피스톨레를 뿌려준다.

2

1)을 타르트에 엔조틱을 넣어 굳힌 윗면에 올려준다.

3

미로와를 비닐 짤주머니에 담아준다.

4

3)을 2)의 윗면에 짜준다.

5

4)에 미로와를 조화 있게 짜준다.

6

생크림을 짜준 후 사인판을 장식한다.

7

6)에 산딸기를 섞은 미로와를 짜서 포인트를 준다.

8

7)을 금장식 접시에 놓아준다.

Pomme d' Acidulee

Pomme d' Acidulee

새큼한 사과케이크

싱싱한 사과를 갈아 퓨레를 만든 후 이탈리안 머랭과 봄브를 섞어 만든 케이크이다. 케이크시트는 시트롱을 이용하여 조화를 이루었다.

Up Side Down Cake

1. Biscuit citron

A. 재료 노른자 105g, 설탕 105g, 흰자 165g, 설탕 45g, 박력분 60g, 레몬즙 23ml

B. 제조공정

1. 노른자와 설탕을 기포한다.
2. 흰자와 설탕으로 머랭을 만든다.
3. 1)에 2)를 1/3 넣어 섞는다.
4. 3)에 체질한 가루분을 넣어 섞어준다.
5. 4)에 나머지 머랭을 넣어 섞는다.
6. 철판 : 1장분
7. 굽기 : 220~230℃ - 5분

2. Mousse pomme(80mm×370mm) 1 1/2개 분량

A. 재료 봄므 퓨레 600g, 젤라틴 24g, 이탈리안 머랭 200g, 생크림 600g, 사과 콤포트 400g

B. 제조공정

1. 봄므 퓨레에 불린 젤라틴을 녹여 넣어 섞어준다.
2. 1)에 이탈리안 머랭(로얄룰레 참고)과 생크림을 섞어준다.
3. 2)에 사과콤포트를 섞는다.

3. Punch

A. 재료 봄므 퓨레 60g, 시럽(보메30) 60ml

B. 제조공정

1. 봄므퓨레와 시럽을 섞어준다.

Finition

1. 랩으로 감싼 세라클틀에 사과를 얇게 썰어 밑면에 장식한다.
2. 1)에 1/2 정도 무스 봄므를 넣어준다.
3. 2)에 비스퀴이 시트롱을 넣어준다.
4. 3)에 가득 무스 봄므를 넣어준다.
5. 4)에 시럽을 바른 비스퀴이 시트롱을 올려준 후 냉동고에 넣어 굳힌다.
6. 5)를 다시 돌려준 후 랩을 제거한 다음 세라클 클을 제거한다.

Garnish

1

사각 세라클을 토치로 달구어준다.

2

1)의 틀을 제거한 후 미로와를 발라준다.

3

미니 양배를 장식한다.

4

3)에 초콜릿과 사인판을 장식한다.

Mont-Blanc

Mont-Blanc
몽블랑

레드 후르츠 꿀리와 밤무스가 조화를 이룬 냉과류로써 바닐라 무스를 더하여 한층 업그레이드시킨 케이크이다.

1. 비스퀴이 아몬드

A. 재료 아몬드 분말 440g, 분당 280g, 박력분 60g, 계란흰자 560g, 설탕 320g

B. 제조공정

1. 가루분을 2번 체질한다.
2. 계란 흰자와 설탕으로 머랭을 만든다.
3. 1)에 2)를 넣어 섞어준다.
4. 팬닝 1장 분량
5. 굽기 : 200℃ – 15분

2. 레드 후르츠 꿀리(380mm×180mm 한판용)

A. 재료 딸기 퓨레 350g, 산딸기 퓨레 150g, 설탕 80g, 젤라틴 12g

B. 제조공정

1. 딸기 퓨레와 산딸기 퓨레, 설탕을 가볍게 끓인다.
2. 1)에 불린 젤라틴을 섞어준다.

3. 바닐라 무스

A. 재료 생크림 110g, 바닐라빈 1개

B. 제조공정

1. 생크림에 바닐라빈을 넣고 휘핑한다.(샹티크림 정도로 100% 믹싱)

4. 밤무스

A. 재료 체스트넛 페이스트 400g, 생크림 67g, 휘핑생크림 270g, 럼 54% 20ml

B. 제조공정

1. 비터로 체스트넛 페이스트와 생크림을 섞은 후 럼 혼합한다.
2. 휘핑생크림을 섞어준다.
3. 몽블랑 깍지를 이용해 짜준다.

Finition

1. 비스퀴이 아몬드를 사각 세라클틀에 넣고 꿀리를 채운다.
2. 1)에 바닐라 크림을 4㎝ 간격으로 띄어 일자로 짜준다.
3. 2)에 밤무스를 몽블랑 깍지에 담아 짜준다.
4. 3)을 냉동고에 굳힌다.
5. 4)를 4×8㎝에 자른다.
6. 초콜릿, 스틱으로 장식한다.
7. 6)에 산딸기 얹는다.(구멍에 초콜릿을 짜준다)

Garnish

1

비스퀴이 아몬드와 함께 굳힌 레드 후루츠 꿀리 위에 밤무스를 일자로 짜준 후 몽블랑 모양깍지로 모양을 낸다.

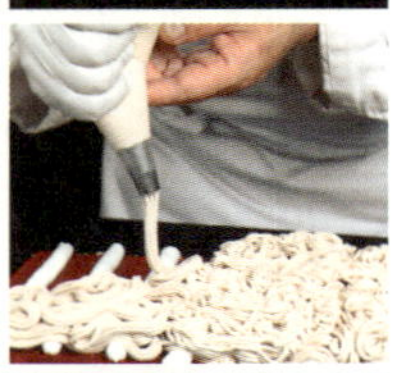

2

1)에 밤무스를 전체 짜준다.

3

적당한 크기로 잘라준다.

4

초콜릿과 산딸기로 장식한다.

Thé Vert Mousse

Thé Vert Mousse

녹차 무스

건강에 좋은 녹차와 연유크림을 이용하여 만든 냉과류로 팥배기를 넣어 달콤한 맛과 영양가를 생각한 케이크이다.

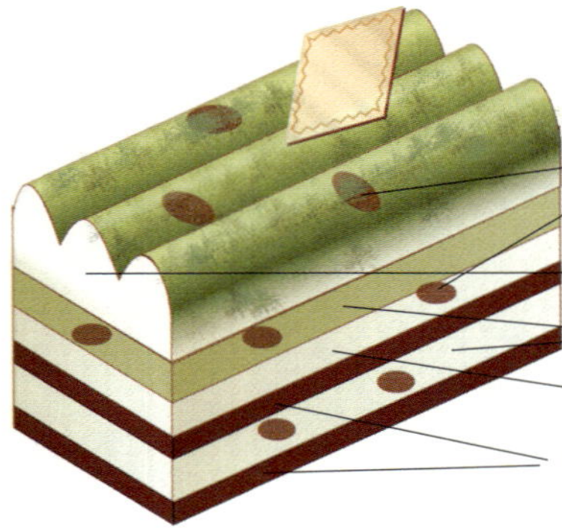

Up Side Down Cake

1. 비스퀴이 쇼콜라

A. 재료 계란 노른자 365g, 설탕 225g, 계란 흰자 420g, 설탕 150g, 박력분 80g, 강력분 80g, 아몬드 분말 150g, 코코아 113g, 버터 113g

B. 제조공정(별립법)

1. 계란노른자를 풀어준 후 설탕을 넣어 기포한다.
2. 다른 보울에 계란 흰자와 설탕으로 머랭을 만든다.
3. 1)에 2)를 1/3 넣어 혼합한다.
4. 3)에 체질한 가루분을 넣어 섞어준다.
5. 4)에 중탕으로 녹인 버터를 넣어 섞어준다.
6. 5)에 나머지 머랭을 넣어 섞어준다.
7. 팬닝: 철판 1장분
8. 굽기: 180℃ – 20~25분

2. 시럽A.(380mm×180mm 2개량)

A. 재료 시럽(30 B) 100g, 물 100g, 럼주 30ml

B. 제조공정

1. 보메 30시럽과 물, 럼주를 혼합한다.

3. 연유크림(380mm×180mm 2개분)

A. 재료 우유 540g, 연유 450g, 계란 노른자 180g, 판 젤라틴 11g, 생크림 202g

B. 제조공정

1. 우유를 가열하여 연유와 계란 노른자를 섞어준 것에 부어 앙글레이즈를 만든다.(83℃까지)
2. 1)의 앙글레이즈에 불린 젤라틴을 넣어 섞어준다.
3. 2)의 앙글레이즈를 식힌 후 휘핑한 생크림을 넣어 섞어준다.

4. 녹차 무스

A. 재료 물 75g, 설탕 75g, 계란 노른자 100g, 녹차 17g, 설탕 17g, 우유 50g, 젤라틴 20g, 생크림 918g, 팥배기 350g

B. 제조공정

1. 물과 설탕을 120℃까지 끓인다.
2. 계란 노른자를 70% 정도 기포한 후 1)을 넣어 파트 아 봄브를 제조한다.
3. 녹차와 설탕을 섞어놓은 후 데운 우유를 넣어 섞는다.
4. 3)에 불린 젤라틴을 녹여 넣어 섞어준다.
5. 2)에 4)를 넣어 섞어준다.
6. 5)에 60% 오버런한 생크림을 혼합한다.

5. 녹차 샹티

A. 재료 녹차 12g, 설탕 12g, 물 23g, 샹티 800g

B. 제조공정

1. 녹차와 설탕을 혼합한다.
2. 1)에 따뜻한 물을 넣어 섞어준다.
3. 생크림을 70~80% 정도 오버런한 후 2)와 섞는다.

6. 장식

A. 재료 슈거파우더 25g, 녹차 13g, 팥배기 72개

B. 제조공정

1.슈거파우더와 녹차를 섞어둔다.

Finition

1. 비스퀴이 쇼콜라를 1cm로 슬라이스하여 2장으로 만든다.
2. 사각 세라클틀에 랩을 씌운 후 녹차무스를 1/2까지 넣어준다.
3. 2)의 녹차 무스에 팥배기를 1/2 넣어준다.
3-1. 3)을 약간 냉동고에 넣어 굳힌 후 연유크림을 넣어준다.
4. 3)에 1)의 비스퀴이에 시럽을 바른 후 얹어준다.
5. 4)에 다시 나머지 녹차무스를 얹는다.
6. 5)에 녹차무스에 있는 나머지 팥배기를 넣어준다.
7. 6)에 다시 1)의 비스퀴이를 얹는다.
8. 7)을 냉동고에 넣어 굳힌다.
9. 8)의 틀을 제거한 후 4cm×8cm와 12cm×12cm로 잘라 녹차샹티를 쉬폰깍지에 담아 짜준다.
10. 9)의 윗면에 장식용 녹차를 뿌린 후 팥배기로 장식한다.

Garnish

1

굳힌 녹차무스에 쉬폰깍지를 이용하여 녹차샹티를 짜준다.

2

1)의 윗면에 녹차와 슈거파우더를 뿌려준다.

3

2)에 팥배기를 장식한다.

4

3)에 초콜릿과 사인판을 장식해준다.

Mango Chocolate Drink

Mango Chocolate Drink

망고 쇼콜라 드링크

글라스를 이용한 드링크식의 냉과류로 망고와 초콜릿의 풍미가 강한 드링크 제품이다.

A. **재료** 우유 350g, 생크림(35%) 50g, 밀크 초콜릿 125g, 망고퓨레 100g

B. **제조공정**

1. 우유와 생크림을 가열하여 초콜릿에 부어주고 핸드믹스로 섞어준다.
2. 망고 퓨레를 섞어준다.
3. 얼음물에 바로 온도를 5℃까지 내려준다
4. 글라스에 망고 드링크를 넣어 냉동고에 약간 굳힌다.

■ 글라스 8 ~ 10개분

Garnish

1

화이트 초콜릿으로 꽃모양을 만든다.

2

망고 드링크를 컵에 넣어 냉동고에서 굳힌다.

3

2)에 1)을 장식하고 스트롱을 넣어준다.

Framboison

Framboison

후람보아즌

애플과 오렌지 주스를 섞어 굳힌 후 쇼콜라 후람보와즈 크림을 올려준 다음 초콜릿 갈은 것을 올려 씹히는 맛을 낸 글라스 제품이다.

1. 드링크 후람보아즈 애플 오렌지

A. 재료 후람보아즈 퓨레 335g,
애플 주스 335g, 오렌지 주스 335g, 젤라틴 5g

B. 제조공정

1. 후람보아즈 퓨레를 가열하여 불린 젤라틴을 넣고 섞어준다.
2. 1)과 2가지의 주스를 섞어준다.
3. 컵 1개당 퓨레를 50g 넣고 냉동시킨다.(플라스틱컵과 유리잔)
4. 다시 냉동실에 넣어준다.

2. 크렘 쇼콜라 후람보아즈

A. 재료 우유 210g, 생크림 141g,
황란 111g, 설탕 111g, 다크 초콜릿 279g,
후람보아즈 퓨레 348g

B. 제조공정

1. 황란과 설탕을 섞어준다.
2. 우유, 생크림을 가열하여 1)에 넣고 앙글레이즈 소스를 만든다.(82℃)
3. 초콜릿에 2)를 체에 걸러 나누어 투입하여 가나슈를 만든다.(비커에 옮긴 후)
4. 3)에 퓨레를 넣고 핸드 믹서기로 섞어준 후 드링크 후람보와즈 애플 오렌지의 드링크 컵에 각각 60g씩 넣어주고 빨대를 꽂아 냉동시킨다.

Finition

1. 컵에 초콜릿을 강판으로 갈아 올린다.
2. 1)에 산딸기를 올린다.

Garnish

1

컵에 애플 오렌지를 1/2 넣어 냉동고에 넣어 굳힌 후 다시 쇼콜라 후람보아즈를 넣어 굳힌다.

2

1)에 초콜릿을 강판에 갈아 올려준다.

3

2)에 산딸기와 마카롱, 초콜릿을 장식한다.

Amelemo

Amelemo
아메레모

여러 가지가 조화된 글라스 제품으로 피스타치오 시트와 디프로매트크림과, 아몬드향이 강한 아마렛토와 적와인이 함유된 쥬레가 조화를 이룬 글라스 제품이다.

1. Biscuite amande pistache

A. 재료 파트 피스타치오 45g, 파트 아만드 120g, 슈거파우더 110g, 계란 노른자 100g, 계란 88g, 박력분 100g, 계란흰자 178g, 설탕 45g

B. 제조공정

1. 파트 피스타치오와 파트 아만드, 슈거파우더, 계란 노른자를 넣어 믹서기의 속도를 조금씩 올려 중속으로 섞어준다.
2. 계란 흰자와 설탕으로 머랭을 만든 후 1)에 1/3을 넣어 섞어준다.
3. 2)에 체질한 박력분을 넣어 섞어준다.
4. 3)에 나머지 머랭을 넣어 가볍게 섞어준다.
5. 팬닝 : 철판 1/2 – 1판용
6. 굽기 : 180℃ – 20분

2. Creme patissiere

A. 재료 우유 500g, 바닐라빈 1/2개, 계란노른자 110g, 설탕 110g, 박력분 15g, 강력분 15g, 전분 15g, 버터 25g, 생크림 150g

B. 제조공정

1. 손잡이 냄비에 우유와 바닐라빈과 설탕 일부를 넣어 80~90℃로 끓인다.
2. 다른 보울에 계란 노른자와 설탕, 박력분, 강력분, 전분을 넣어 섞어준다.
3. 2)에 1)을 넣어 혼합한 후 다시 불 위에 올려 끓인다.
4. 3)에 버터를 넣어 섞어준다.
5. 4)를 식힌 후 생크림을 섞어준다.

3. Creme diplomate amaretto

A. 재료 크림 파티시에르 500g, 우유 40ml, 젤라틴 7.5g, 아마렛토 50ml, 크림샹티 250g

B. 제조공정

1. 크림 파티시에르와 우유를 섞어준 후 불린 젤라틴을 녹여 섞어준다.
2. 1)에 아마렛토를 섞어준다.
3. 2)에 크림 샹티를 넣어 섞어준다.

4. Garniture

A. 재료 그리오티 아마렛토

B. 제조공정

1. 그리오티에 아마렛토를 혼합한다.

5. Gelee Amelemo

A. 재료 물 700ml, 꿀 160g, 레몬 주스 300ml, 설탕 160g, 젤라틴 36g, 레몬 리큐르 100ml

B. 제조공정

1. 물과 꿀, 설탕으로 시럽을 만든다.
2. 1)에 레몬 주스를 섞어준다.
3. 불린 젤라틴과 레몬 리큐르를 2)에 혼합한다.
4. 3)을 냉장고에서 차갑게 굳힌다.

Finition

1. 컵에 비스퀴이 아만드 피스타치오를 1cm로 잘라 3개 놓는다.
2. 1)에 크림 디프로매트 아마렛토를 1/2 정도까지 채운다.
3. 2)의 위에 그리오티를 2개 올려준다.
4. 3)에 쥬레 아마레모를 채운다.
5. 4)에 적와인을 수저로 2수푼 넣는다.
6. 5)에 체리베리와 피스타치오, 사인판으로 장식한다.

Garnish

1

아마렛토를 만들어서 냉동고에서 굳혀 준다.

2

1)에 적와인을 넣고 수저로 저어 모양을 내준다.

3

2)에 체리와 피스타치오, 사인판을 장식한다.

Coco

le signe
de l'authenticité!
Que nos gâteaux vous
procurent un vrai
plaisir gustatif!

Coco

코코

상큼한 맛의 산딸기와 바삭바삭한 스트로이젤과 마카롱과 코코넛 무스가 조화를 이룬 글라스 제품이다.

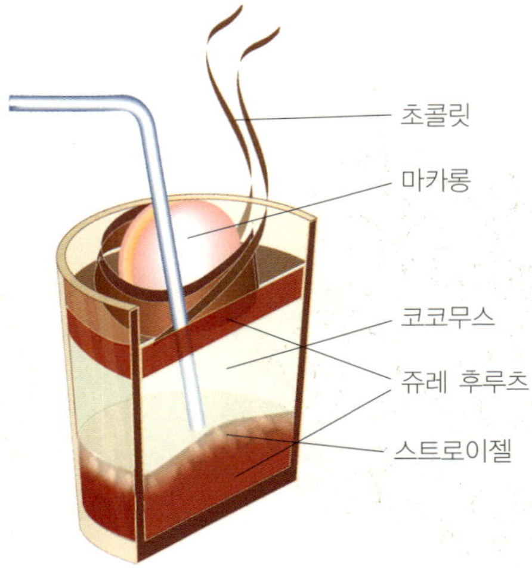

1. Streusel

A. 재료 버터 50g, 설탕 50g, 소금 1g, 아몬드 분말 50g, 박력분 50g

B. 제조공정

1. 버터를 풀어준 후 설탕과 소금을 넣어 섞어준다.
2. 1)에 아몬드 분말과 박력분을 체질하여 샤브레화한다.
3. 2)를 실리콘 페이퍼에 펴서 굽는다.
4. 굽기 : 180℃ – 10~15분

2. Macaron

A. 재료 아몬드 분말 63g, 슈거파우더 150g, 주석산 2g, 계란흰자 75g, 설탕 25g, 적색색소 some

B. 제조공정

1. 아몬드 분말과 슈거파우더를 2번 체질한다.
2. 계란흰자와 주석산, 설탕으로 머랭을 만든다.
3. 2)에 1)을 넣어 섞어준다.
4. 3)에 적색색소를 약간 넣어 섞어준다.
5. 4)를 원형 모양깍지에 담아 짜준다.
6. 굽기 : 150~160℃ – 15분

3. Gelee fraise

A. 재료 딸기퓨레 250g, 설탕 40g, 젤라틴 5g, 물 25g

B. 제조공정

1. 딸기퓨레와 설탕을 바 믹서로 주스로 만든다.
2. 물에 불린 젤라틴을 녹여 1)에 섞어준다.

4. Coco mousse

A. 재료 코코넛퓨레 150g, 콘스타치 5g, 젤라틴 4g, 물 20g, 이탈리안 머랭 45g, 생크림 90g

B. 제조공정

1. 코코넛퓨레와 콘스타치를 불에서 끓인다.
2. 1)에 불린 젤라틴을 넣어 섞어준다.
3. 2)에 이탈리안 머랭과 생크림을 60% 오버런한 것을 섞어준다.

Finition

1. 글라스에 쥬레 후루츠를 1/3 정도 짜준다.
2. 1)의 위에 스트로이젤을 올려준다.
3. 2)의 위에 코코 무스를 짜준다.
4. 3)의 위에 다시 쥬레 후루츠를 짜준다.
5. 4)를 굳힌 후 초콜릿과 마카롱, 사인판으로 장식한다.

Garnish

1

다크 초콜릿으로 장식을 만든다.

2

컵에 코코를 만들어 냉동고에 넣어 굳혀준다.

3

2)에 마카롱과 1)과 초콜릿으로 장식한다.

Blanc Miel

Un gâteau exquis
à apprécier
en prenant tout
mon temps.
Un vrai délice sublime avec
des produits de la
terre nourricière dont
nous avons tiré le

Blanc Miel

블랑 미엘

글라스에 마카롱을 놓고 크림치즈와 요구르트를 이용한 무스와 캐러멜화한 호두를 얹은 후 꿀을 이용하여 맛을 낸 글라스 제품이다.

1. Creme fromage blanc

A. 재료 크림치즈 200g, 요구르트 225g, 생크림 150g, 설탕 65g, 젤라틴 6g, 물 30ml

B. 제조공정

1. 크림치즈와 요구르트를 섞어준다.
2. 1)에 불린 젤라틴을 녹여 섞어준다.
3. 2)에 생크림과 설탕을 60% 오버런하여 섞어준다.

2. Gelee miel

A. 재료 꿀 250g, 물 75g, 젤라틴 6g, 물 30g

B. 제조공정

1. 물과 꿀을 불 위에서 가열한다.
2. 1)에 불린 젤라틴을 섞어준다.

3. Macaron vanille

A. 재료 슈거파우더 225g, 아몬드 분말 125g, 바닐라 슈가 some, 계란흰자 105g, 설탕 25g

B. 제조공정

1. 아몬드 분말과 슈거파우더, 바닐라슈가를 2번 체질한다.
2. 계란 흰자와 설탕으로 머랭을 만든다.
3. 2)에 1)을 넣어 섞어준다.
4. 3)를 원형 모양깍지에 담아 짜준다.
5. 굽기 : 150~160℃ - 15분

4. Praline noix

A. 재료 설탕 150g, 물엿 87g, 호두 200g

B. 제조공정

1. 설탕을 캐러멜화시킨다.
2. 1)에 물엿을 넣어 섞는다.
3. 로스트한 호두를 2)에 섞은 후 실리콘 페이퍼에 부어 식힌다.

Finition

1. 글라스에 마카롱을 한 개 넣어준다.
2. 1)의 위에 프로마쥬 무스를 넣는다.
3. 2)의 위에 프라리네 노아를 넣어준다.
4. 3)의 위에 다시 프로마쥬 무스를 넣는다.
5. 4)의 윗면에 쥬레 미에르를 부어준다.
6. 5)에 사인판과 초콜릿과 프라리네 노아로 장식한다.

Garnish

1

초콜릿 스프링을 만든다.

2

Blanc Miel을 만들어 냉동고에 넣어 굳힌다.

3

2)에 사인판과 초콜릿, 플라린 노아 등을 장식한다.

Prum et Mangue Cristal

Prum et Mangue Cristal

매실 망고 크리스탈

망고무스와 쥬레 매실을 얹은 후 그 윗면에 정사각형으로 자른 쥬레 크라스탈을 얹어 만든 제품이다. 미네랄 워터를 이용한 것이 특징이다.

1. Mousse mangue

A. 재료 망고퓨레 100g, 매실즙 40ml, 미네랄물 50ml, 설탕 25g, 젤라틴 5g, 미네랄물 20ml, 생크림 100g

B. 제조공정

1. 망고퓨레를 80도로 가열한다.
2. 1)에 매실즙, 미네랄물, 설탕을 섞어서 혼합한다.
3. 2)에 불린 젤라틴을 섞어준다.
4. 3)을 20℃로 식힌 후 생크림을 60% 오버런하여 섞어준다.

2. Gelle de prum

A. 재료 매실즙 190ml, 청매실 시럽 80ml, 꿀 20g, 미네랄물 240ml, 설탕 35g, 젤라틴 8g, 미네랄물 32ml

B. 제조공정

1. 젤라틴을 제외한 모든 재료를 80도로 가열한다.
2. 1)에 불린 젤라틴을 섞어준다.
3. 2)를 굳기 직전까지 식힌 후 글라스에 넣는다.

3. Gelle cristal

A. 재료 미네랄물 400ml, 설탕 40g, 물엿 16g, 젤라틴 8g, 미네랄물 36ml

B. 제조공정

1. 미네랄물과 설탕, 물엿을 가열한다.
2. 1)에 불린 젤라틴을 섞어준다.
3. 2)를 1cm 정도 두께로 굳힌다.

Finition

1. 글라스에 망고 무스를 1/2 정도 넣는다.
2. 1)의 위에 굳기 직전의 쥬레 매실을 넣는다.
3. 2)를 굳힌 후 위에 쥬레 크리스탈을 10mm×10mm 잘라서 장식한다.
4. 3)의 윗면에 바질과 사인판을 장식한다.

Garnish

1

Prum et Mangue Cristal를 냉동고에 넣어 굳힌다.

2

Gelle cristal 만들어 굳힌 후 1cm로 잘라 올려준다.

3

2)에 사인판과 바질을 장식한다.

설탕공예 Sucre Artisanat d art

설탕공예에 사용되는 도구들

설탕온도계 및 적외선온도계, 공기펌프 등

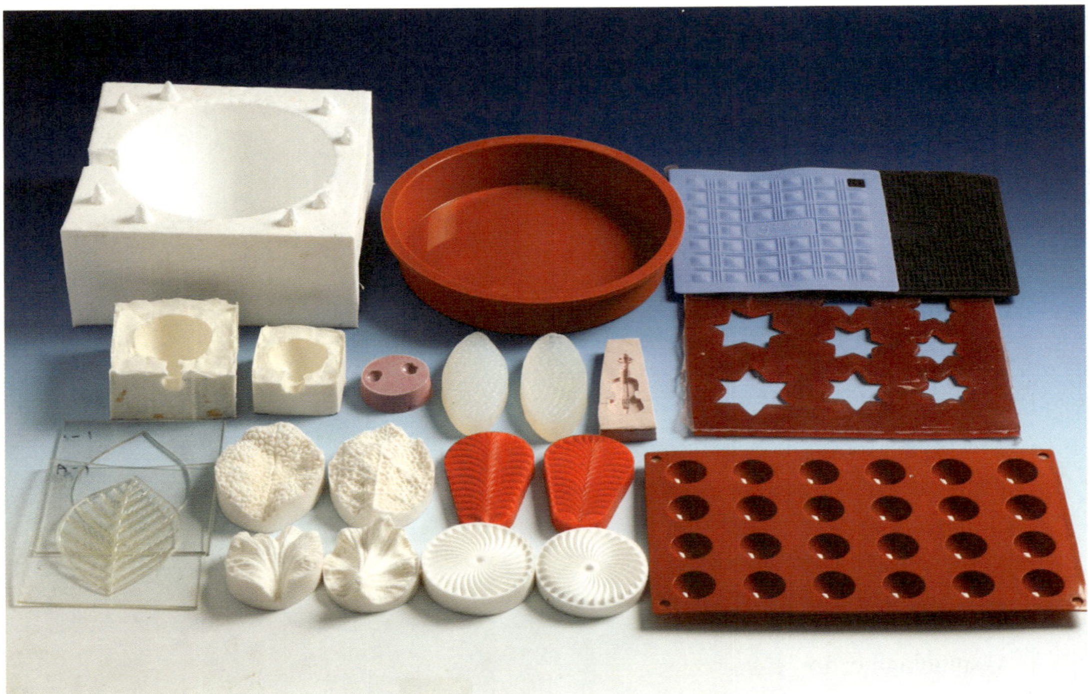

실리콘 구몰드, 실리콘 꽃잎틀 등

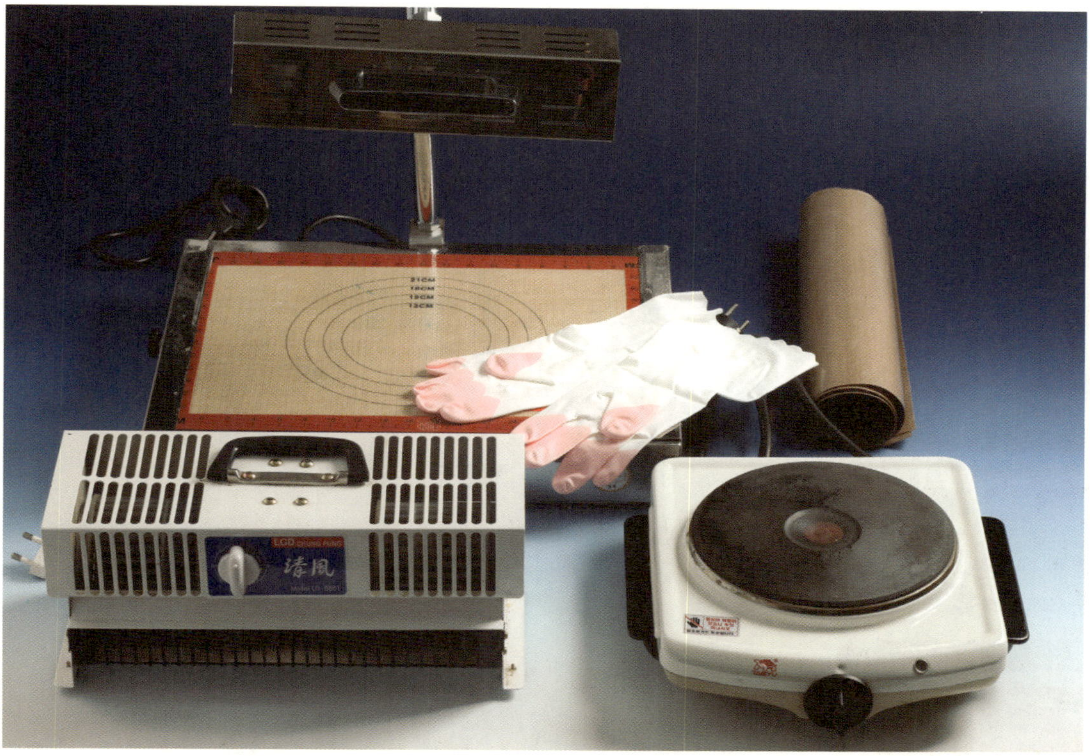

설탕램프 및 설탕공예 장갑 등

Suger Art 프랑스식

Sucre Tire 잡아당기다, 꽃, 잎, 리본 등

설탕	1000g	1000g	물엿	0~300g	50g
물	300g	500g	주석산	3~6방울	2~3g

Sucre Coule 기둥, 틀, 등

설탕	1000g	물엿	300g
물	300g		

Sucre Souffle 부풀린, 새, 공, 동물 등

설탕	1000g	1000g	물엿	300g	300g
물	300g	300g	주석산	3~10방울	6방울

※ 온도 : 150~180℃

■ 설탕 녹이는 방법

1

끓인 설탕을 실리콘 틀에 담는다.

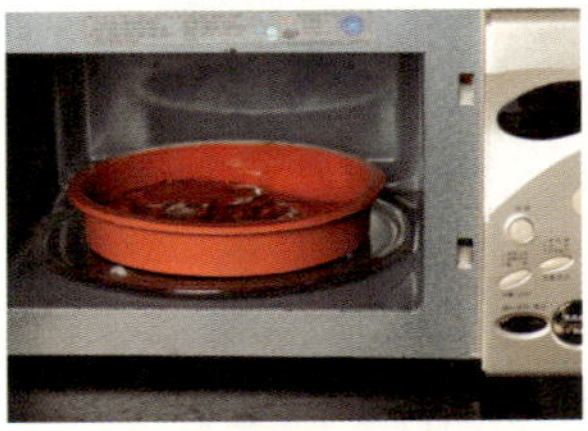

2

1)을 전자레인지에 넣어 녹인다.

3

2)를 녹인 것

4

3)을 한 덩어리로 뭉친다.

■ 광택 내는 방법

1

녹인 설탕을 30회 정도 당겨 광택을 내준다.

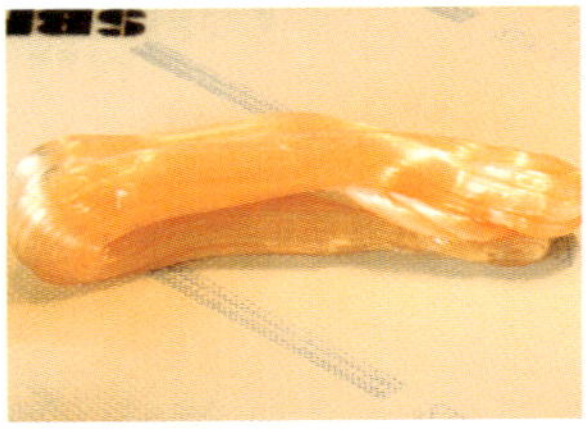

2

1)을 광택 낸 것

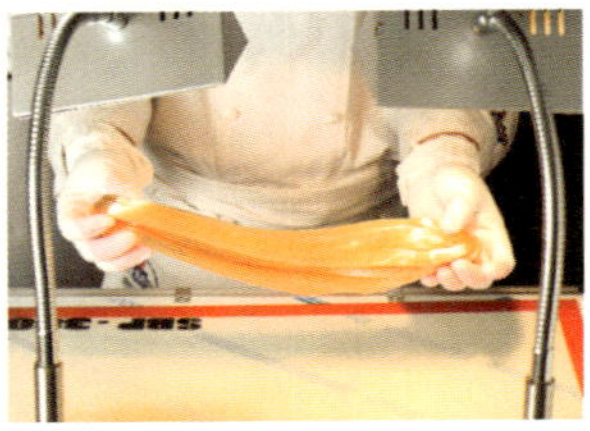

3

2)를 설탕 등에 올린다.

4

3)을 한 덩어리로 만들어 놓아 사용한다.

■ 슈크레 슈플레 기본적인 방법

1

광택 낸 설탕을 손을 이용하여 원형으로 만든다.

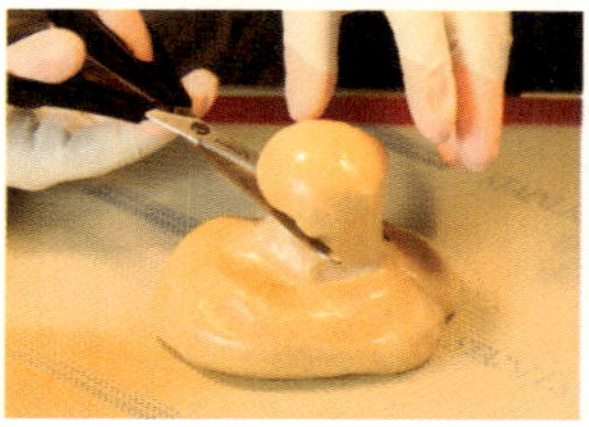

2

1)을 가위로 잘라낸다.

3

2)에 손가락을 이용하여 두께를 맞추어준다.

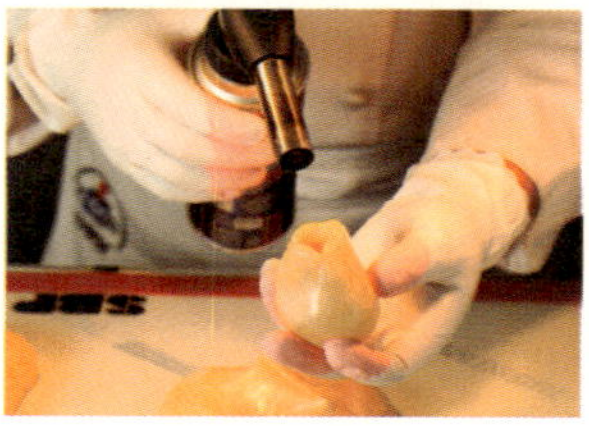

4

3)을 토치를 이용하여 접착부분을 달군다.

Corbeille de Fruits

Sucre Souffle

설탕	1000g	1000g	물엿	300g	300g
물	300g	300g	주석산	3~10방울	6방울

Sucre Souffle

Pomme

Pears

Sucre Souffle

Pomme 사과

1

슈플레 반죽을 공기펌프에 붙인 다음 바람을 넣어 원형모양을 만든다.

2

1)을 펌프에 붙여준다.

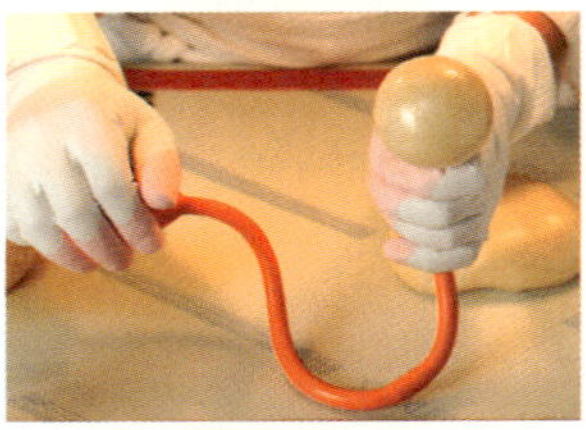

3

2)를 펌프로 원형을 만들어준다.

4

3)의 부풀린 반죽에 도구를 이용하여 사과 밑부분을 만들어준다.

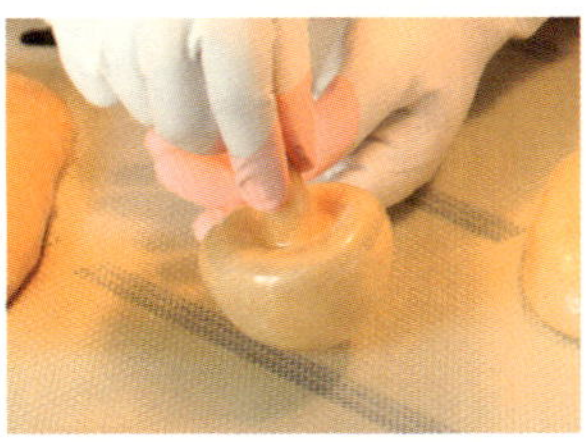

5

4)의 윗부분을 손으로 사과 모양을 만든다.

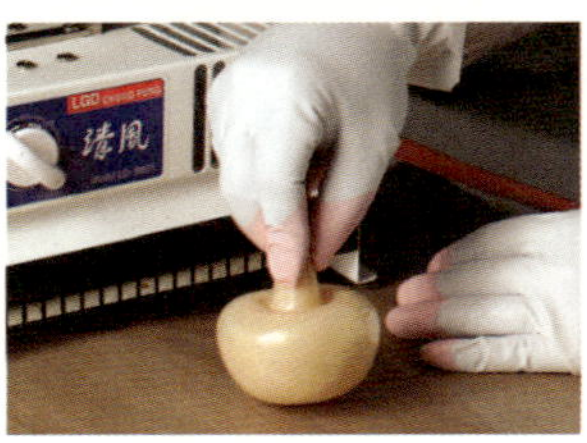

6

5)를 선풍기 앞에서 식혀준다.

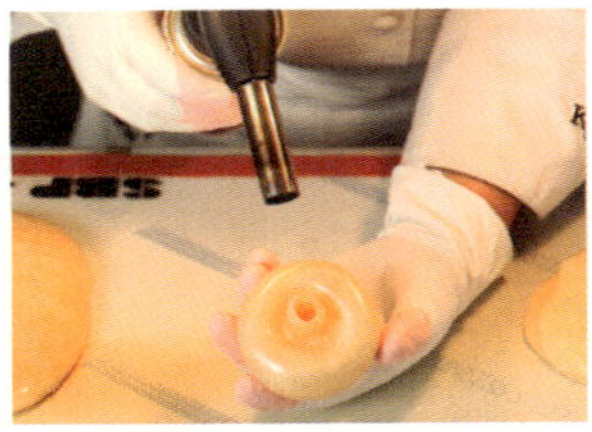

7

6)의 윗부분을 토치로 달구어 사과 꼭지 모양을 만든다.

8

사과 모양을 만든 것

9

8)에 노란색을 에어브러쉬로 뿌려준다.

10

전체 뿌린 모양

11

10)에 다시 빨간색을 뿌려준다.

12

11)에 갈색을 뿌려 마무리한다.

Sucre Souffle

Pears 서양배

1

슈플레 반죽을 공기펌프에 붙인 다음 바람을 넣어 원형 모양을 만든다.

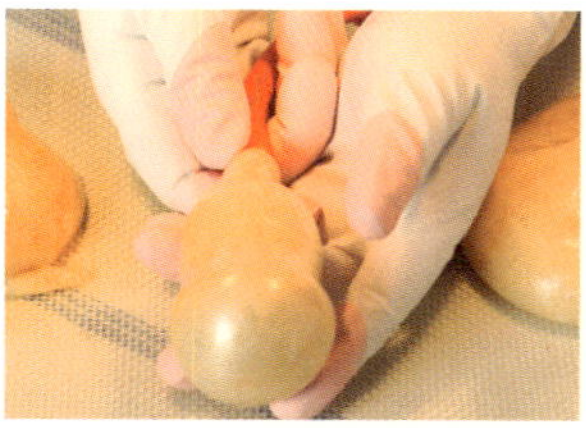

2

1)을 길게 늘려서 중앙 부분을 눌러 서양배 모양을 만들어준다.

3

2)의 밑부분을 도구를 이용하여 눌러준다.

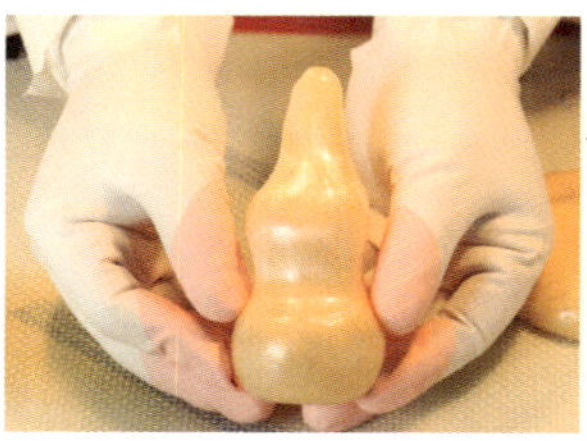

4

공기펌프를 제거한 후 식혀준다.

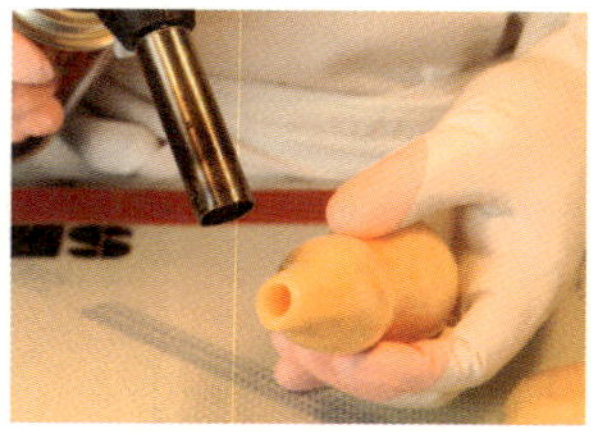

5

서양배 윗부분을 토치를 이용하여 붙여 꼭지를 만든다.

6

5)의 꼭지를 만든 것

7

6)을 에어브러쉬를 이용하여 노란색을 뿌려준다.

8

7)에 가볍게 갈색을 뿌려준다.

Sucre Souffle

Pèche

Banane

Sucre Souffle

Pèche 복숭아

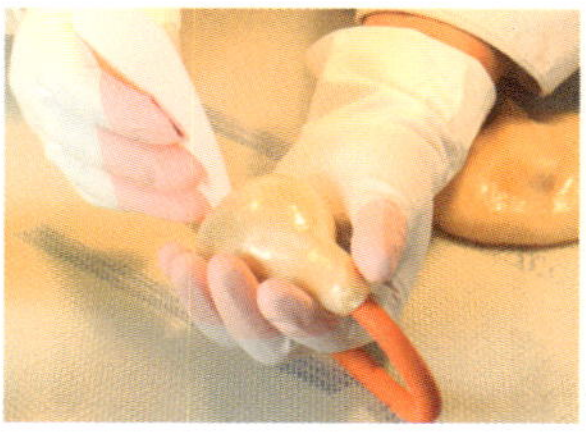

1

슈플레 반죽을 공기펌프에 붙인 다음 바람을 넣어준 후 플라스틱 스크레퍼를 준비한다.

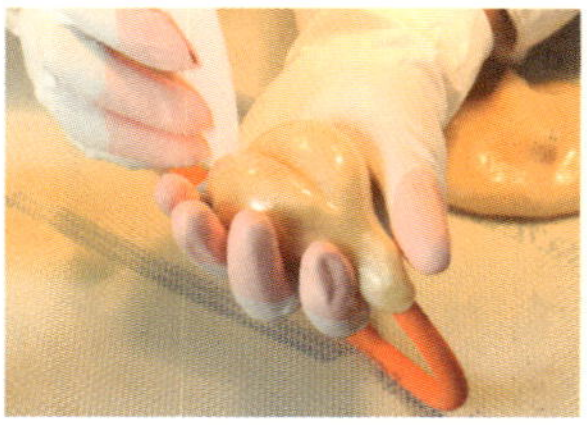

2

1)을 플라스틱 스크레퍼 등을 이용하여 눌러 복숭아 모양을 만든다.

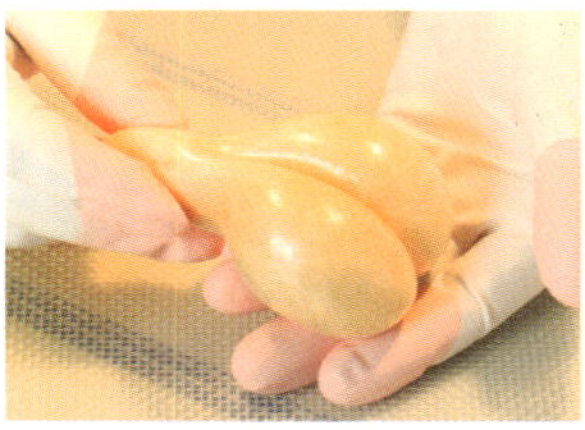

3

2)를 식힌 후 펌프를 제거한다.

4

3)을 토치를 이용하여 붙여준다.

5

4)를 가위를 이용하여 튀어나온 부분을 자른다.

6

복숭아 모양을 만든 것

7

6)에 에어브러쉬를 이용하여 노란색을 뿌려준다.

8

7)에 분홍색을 뿌려준다.

9

8)에 슈거파우더를 묻혀준다.

Sucre Souffle

Banane 바나나

1

슈플레 반죽을 공기펌프에 끼워 바람을 넣어 원형으로 불어준다.

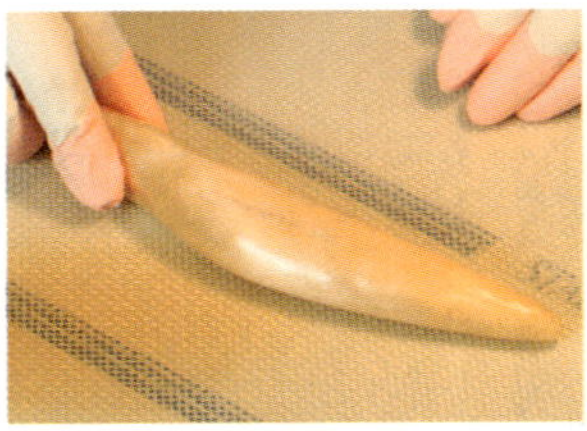

2

1)을 길게 늘려 작업대 바닥에 돌려주면서 모양을 만든다.

3

2)를 바나나 모양으로 만들어준다.

4

3)을 식힌 후 공기펌프를 제거한다.

5

4)에 에어브러쉬로 노란색을 뿌려준다.

6

5)에 전체 뿌린 것

7

6)에 초록색을 가볍게 뿌려준다.

8

완성된 모양

Sucre Souffle

Citron

Raisin

Sucre Souffle

Citron 레몬

1

슈플레 반죽을 공기펌프에 붙인 다음 바람을 넣어 레몬 모양을 만든다.

2

1)을 토치로 표면을 달구어준다.

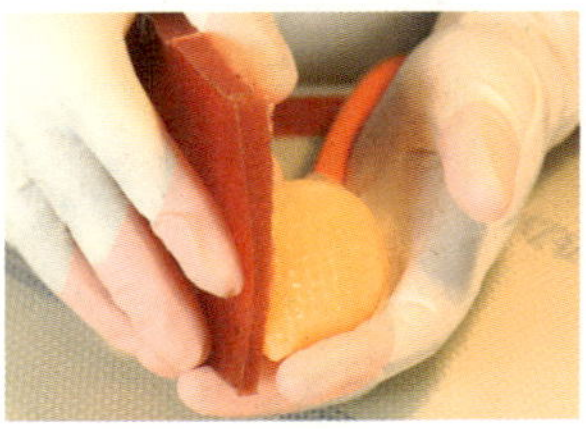

3

실리콘틀을 이용하여 레몬 겉표면을 만들어준다.

4

3)을 선풍기에 식힌 다음 공기펌프를 제거한다.

5

4)를 에어브러쉬로 노란색을 뿌려준다.

6

5)에 노란색을 전체 뿌려준 것

7

6)에 녹색을 뿌려준다.

8

7)에 글씨를 붓으로 써준다.

Sucre Souffle

Raisin 포도

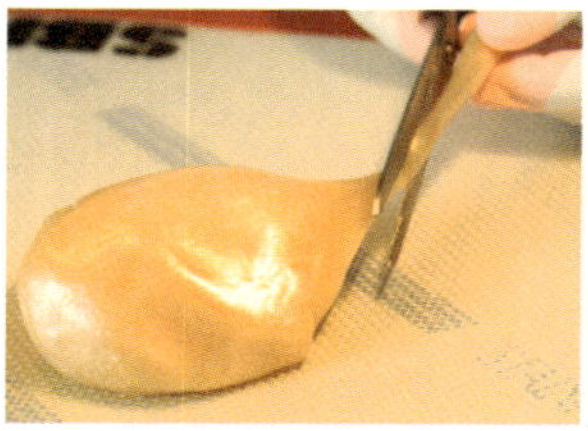

1

슈플레 반죽을 길게 늘려 잘라준다.

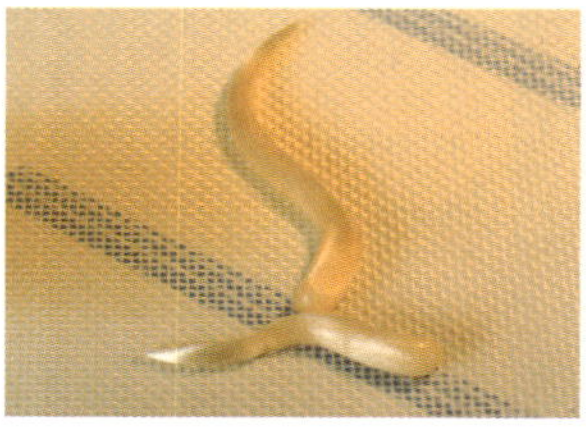

2

1)에 포도 줄기를 만들어 붙인다.

3

슈플레 반죽을 공기 펌프에 넣어 공기를 넣어 작은 원형을 만든다.

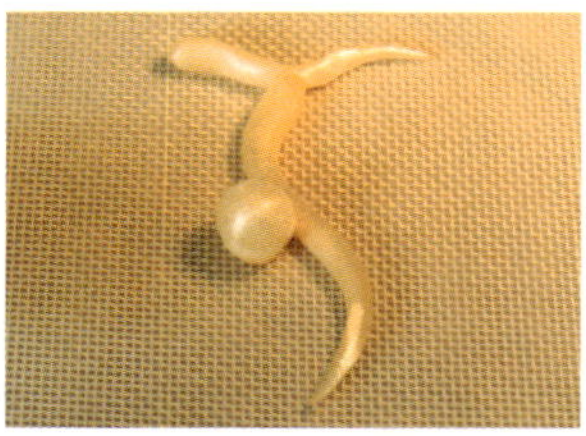

4

3)을 2)의 위에 붙여준다.

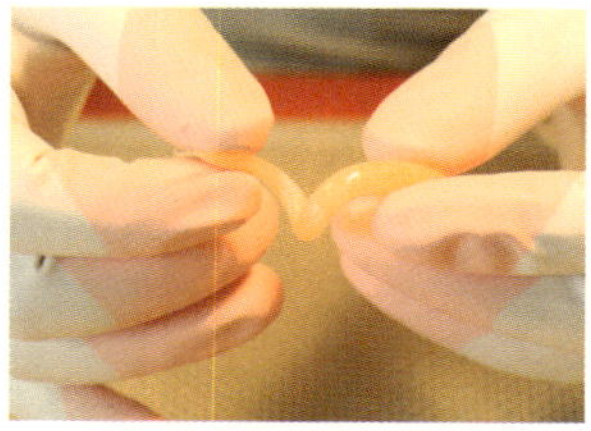

5

반죽을 손을 이용하여 덩굴을 만들어준다.

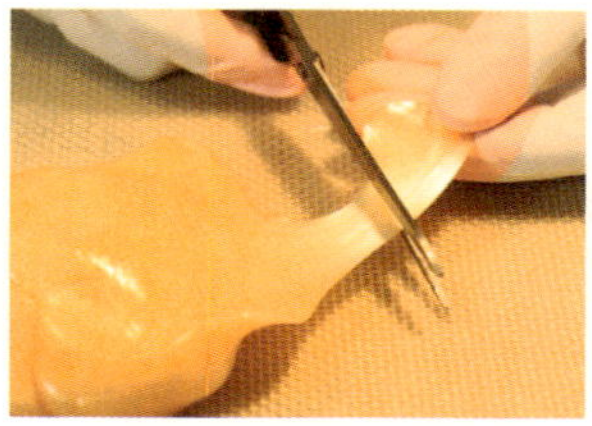

6

반죽을 손으로 얇게 늘려 나뭇잎모양을 만든다.

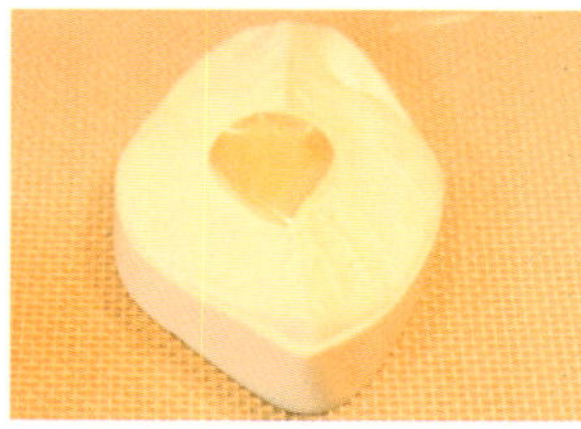

7

6)을 실리콘 나뭇잎틀에 놓아준다.

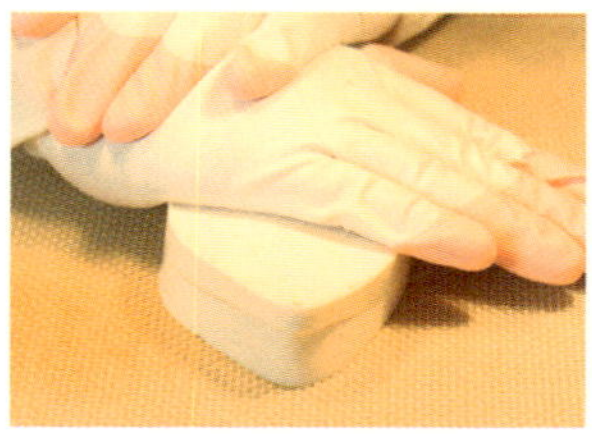

8

7)의 위에 실리콘틀을 올려 눌러준다.

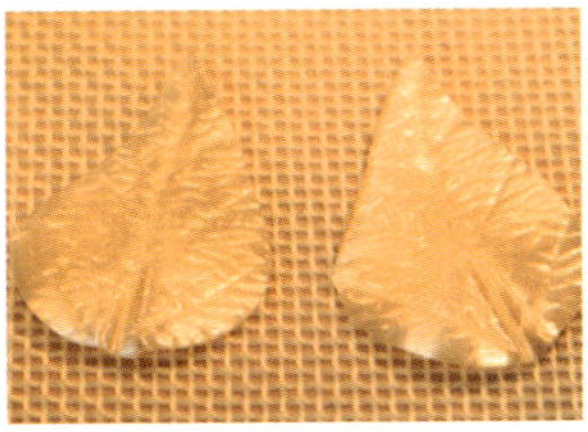

9

잎을 찍은 모양

10

원형으로 만든 슈프레를 전체 붙여준다.

11

전체 붙인 포도알 모양

12

11)의 윗면에 에어브러쉬로 노란색을 뿌려준다.

13

12)에 다시 녹색을 뿌려준다.

14

완성된 모양

Sucre Souffle

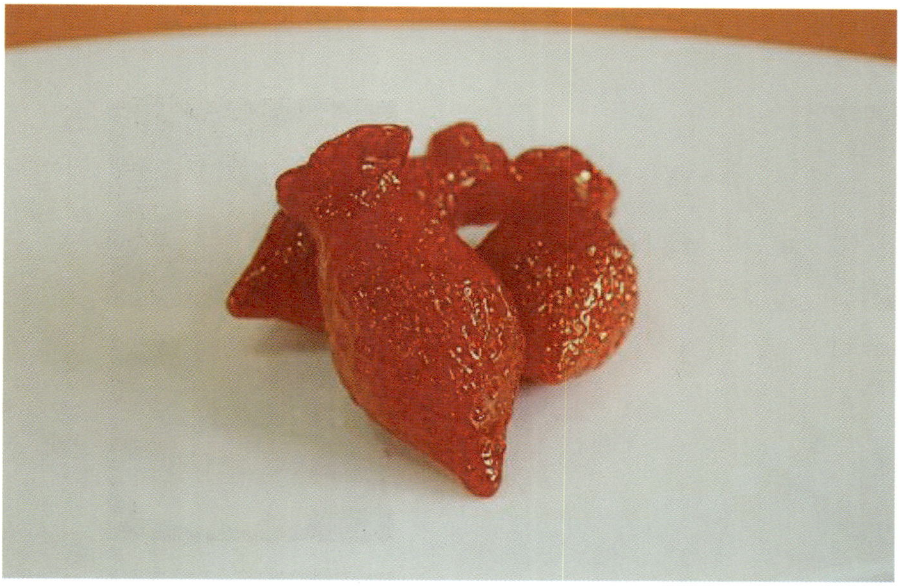

Fraise

Cherry

Sucre Souffle

Fraise 딸기

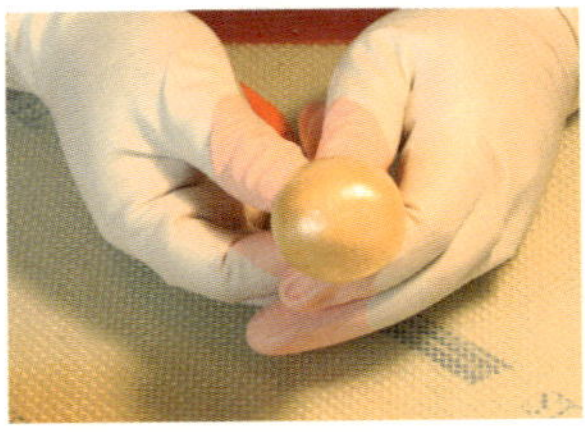

1

슈플레 반죽을 공기펌프에 붙여 바람을 넣어 원형을 만든다.

2

1)을 딸기 모양을 만든다.

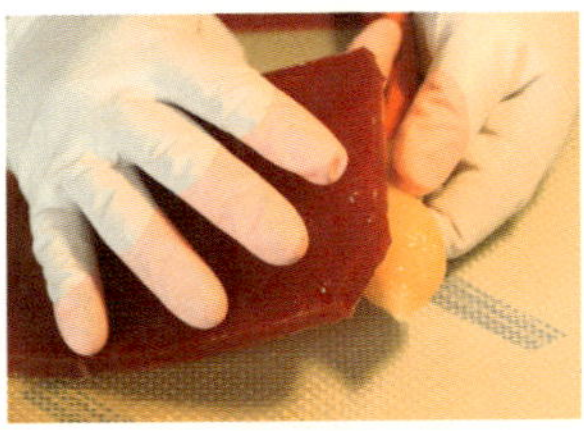

3

2)의 겉부분을 토치로 달구어준 후 실리콘틀로 찍어 딸기 모양을 만든다.

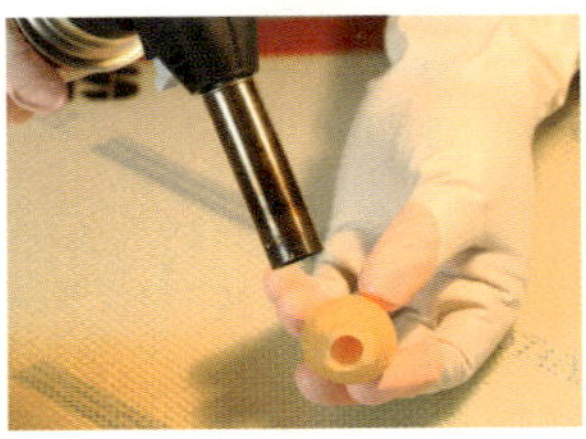

4

3)을 토치로 달구어 붙여준다.

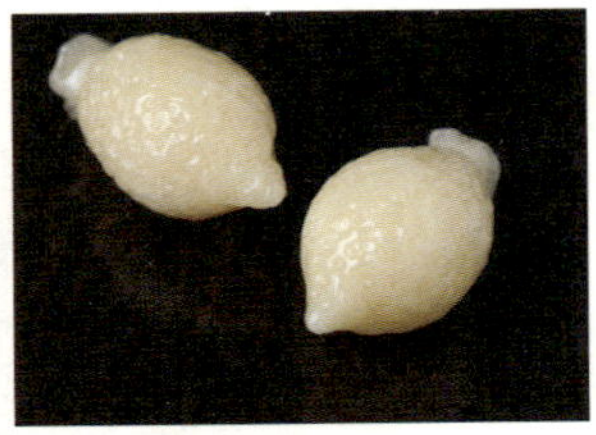

5

4)의 완성된 모양

6

5)에 에어브러쉬로 노란색을 뿌려준다.

7

6)에 다시 빨간색을 뿌려준다.

Sucre Souffle

Cherry 체리

1

슈플레 반죽을 공기펌프에 붙여 바람을 넣어 원형을 만든다.

2

1)을 플라스틱 스크레퍼를 이용하여 뒷부분을 모양내어준다.

3

2)를 모양낸 것

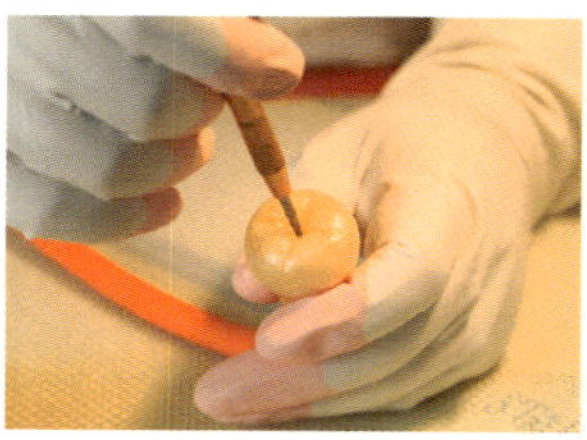

4

3)의 윗부분을 도구로 눌러 꼭지 붙일 자리를 만들어준다.

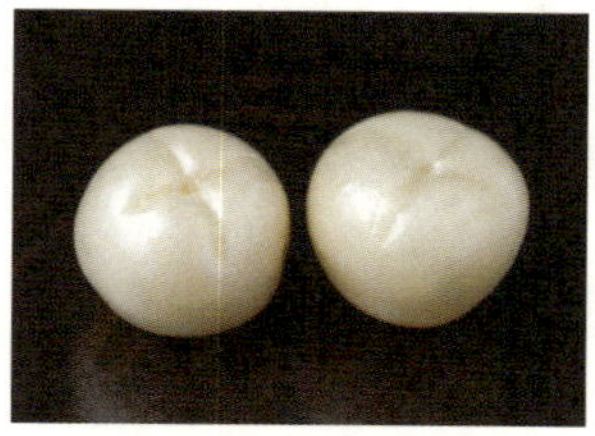

5

꼭지를 만든 모양

6

5)에 에어브러쉬로 노란색을 뿌려준다.

7

6)에 다시 빨강색을 뿌려준다.

8

7)의 윗면에 꼭지를 만들어 붙여준다.

Corbeille 바구니 만들기

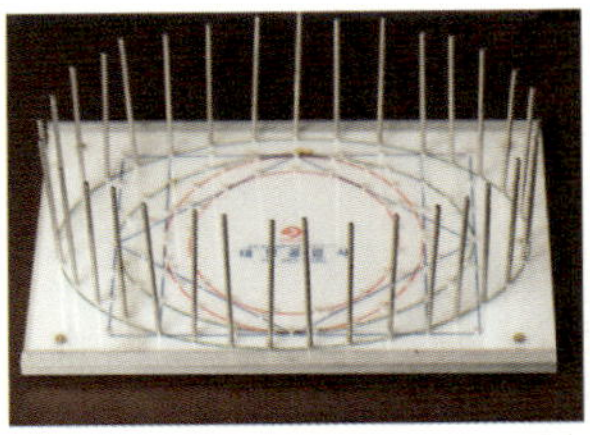

1

바구니 만드는 틀을 준비하여 둔다.

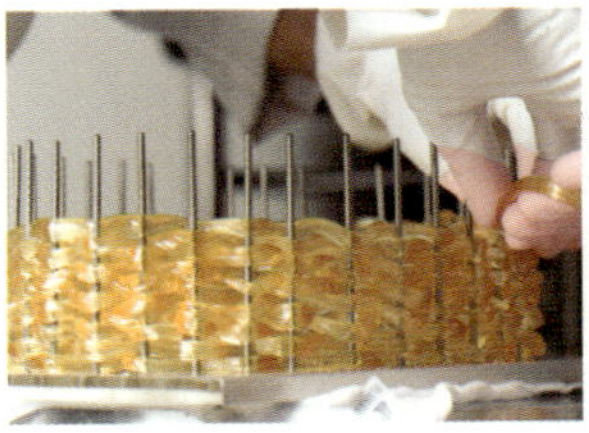

2

쿨레 반죽을 길게 늘려 1)에 감아준다.

3

2)에 밑부분을 달팽이 모양으로 만들어 붙인다.

Cocotier 야자수 만들기

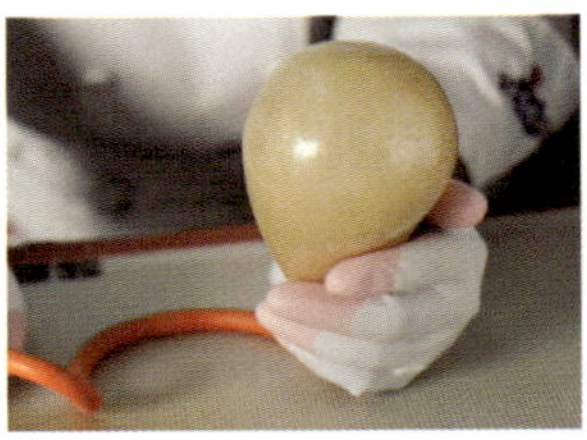

1

슈플레 반죽을 공기펌프에 붙여 바람을 넣어 원형모양을 만든다.

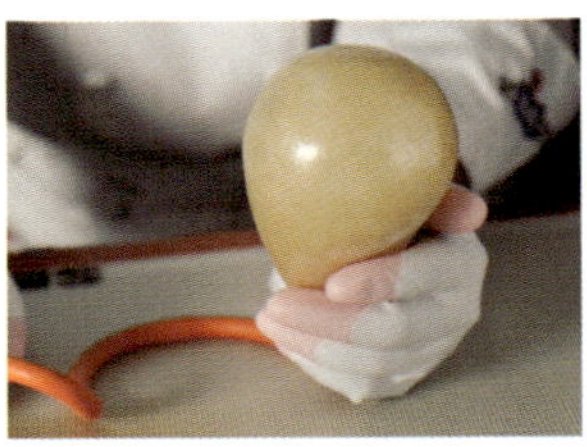

2

1)을 늘려준다.

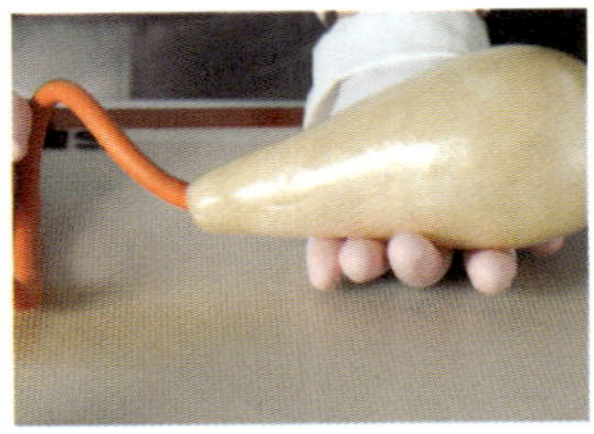

3

2)를 옆의 사진 모양으로 만든 후 선풍기에서 식힌 다음 공기펌프를 제거한다.

4

야자수에 붙일 잎을 길게 잘라준다.

5

3)에 4)를 붙여준다.

6

4)의 잎보다 조금 넓게 잎을 잘라준다.

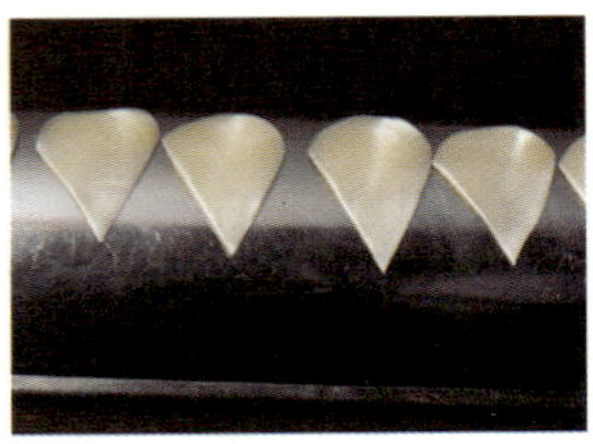

7

6)을 도요가다 등에 올려 모양을 만든다.

8

5)에 7)을 토치나 알코올 램프 등을 이용하여 붙여준다.

9

8)에 에어브러쉬로 노란색을 뿌려준다.

10

9)에 다시 윗면에는 빨간색을 뿌려준다.

11

10)에 다시 밑면에 녹색을 뿌려준다.

Ange 천사 만들기

1

실리콘 천사틀에 슈크레 쿨레 반죽을 넣어 눌러준다.

2

1)을 선풍기에서 식힌 후 틀을 제거한다.

Calice 꽃받침 만들기

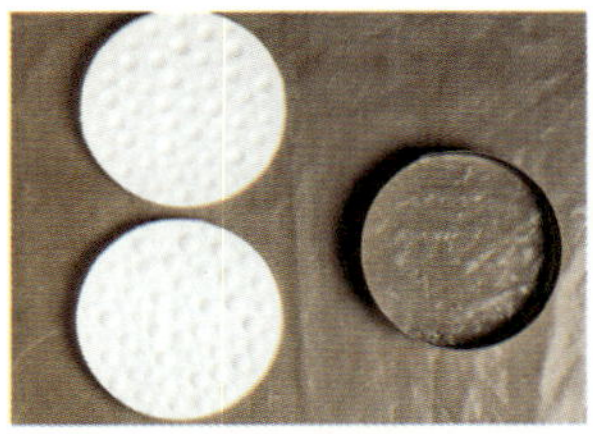

1

실리콘 물방울틀과 원형 세라클틀을 준비한다.

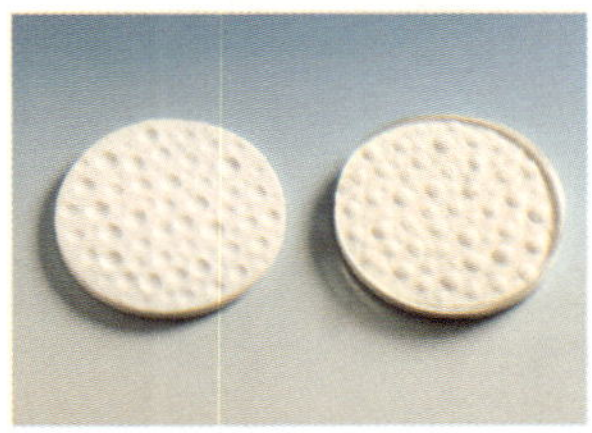

2

원형 세라클틀에 이소말트를 녹인 설탕을 부어 굳힌 다음 틀을 제거한 후 실리콘 물방울에 올려놓는다.

3

2)를 설탕 램프에 올려 유동성 있는 설탕으로 만든다.

4

3)을 구부려서 모양을 잡는다.

Petale OPP를 이용하여 만든 꽃잎사귀

1

OPP를 잘라 꽃잎사귀 틀을 만들어 놓는다.

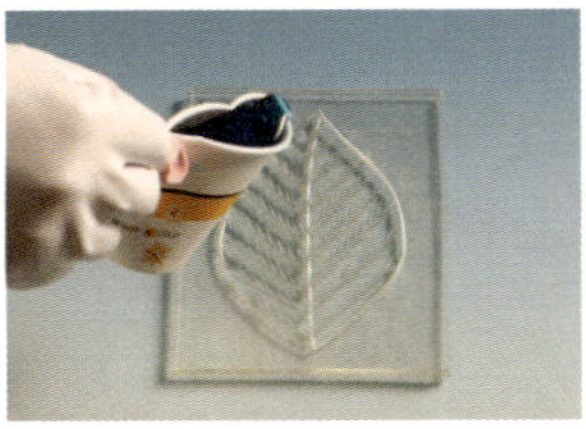

2

파랑색 이소말트를 종이 컵에 담아 둔다.

3

2)를 OPP틀에 부어준다.

4

3)을 식힌 후 틀을 제거 한다.

Nuage 구름 만들기

1

이소말트를 담은 종이 컵과 블랑 색소를 준비 한다.

2

1)을 섞어준다.

3

2)를 OPP에 부어준다.

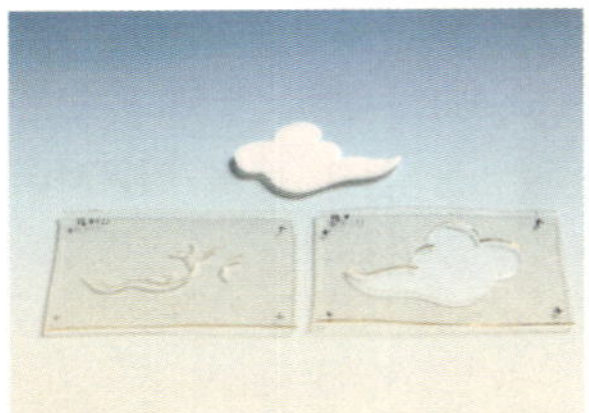

4

3)을 식힌 후 틀을 제거 한다.

Nageoire 물고기 지느러미 만들기

1

실리콘틀에 이소말트를 부어준다.

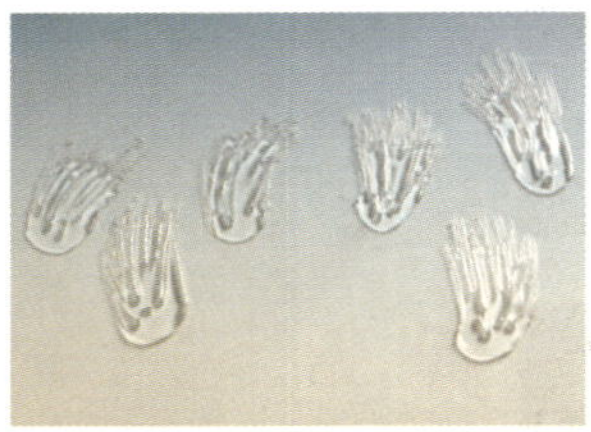

2

1)의 실리콘틀을 제거한 지느러미 모양

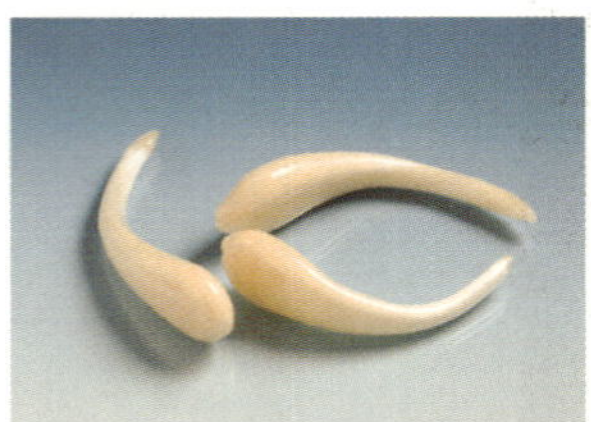

3

슈플레 반죽으로 만든 물고기의 몸통

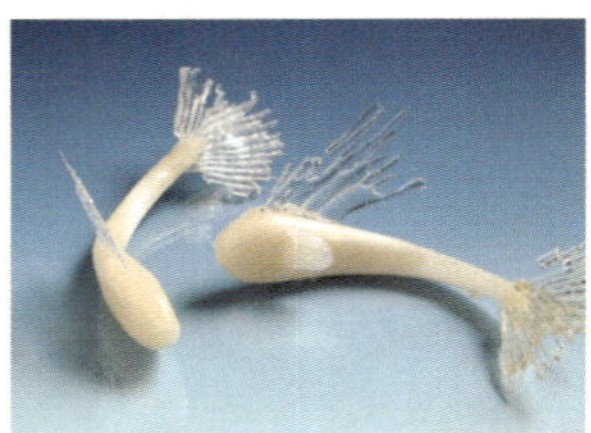

4

3)에 2)를 토치나 알코올 램프를 달구어 붙여 준다.

Avatar

Sucre Coule

설탕 1000g　　물엿 300g
물 300g

Avatar 아바타

1

슈크레 쿨레로 만든 밑판과 뿔모양을 붙여준다.

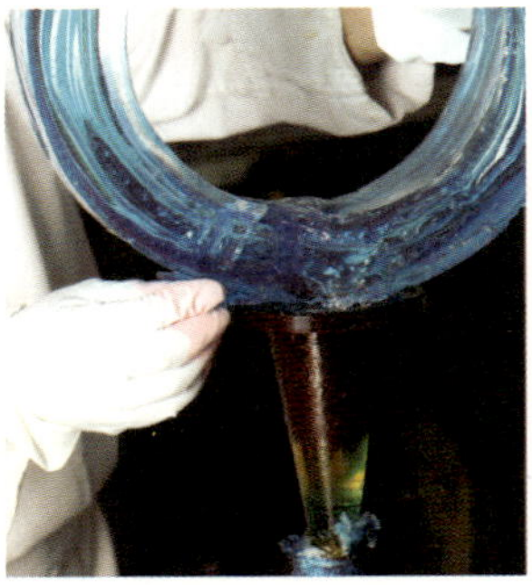

2

1)에 OPP로 만든 설탕을 붙여준다.

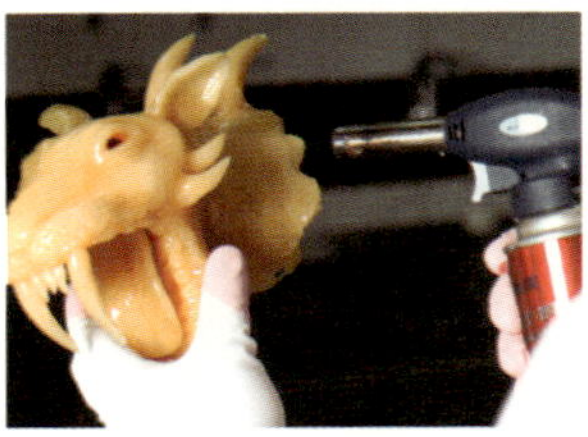

3

아바타 사자모양을 토치로 달군다.

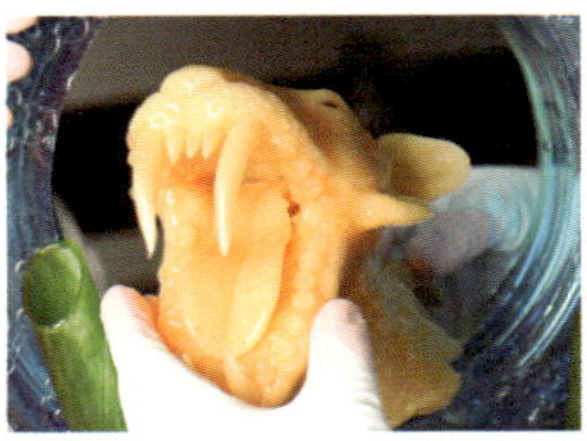

4

2)에 3)을 붙인다.

5

토치를 꽃받침 붙일 곳을 달구어준다.

6

5)에 꽃받침을 붙인다.

7

6)에 꽃을 붙인다.

8

7)에 드레곤 볼을 붙여준다.

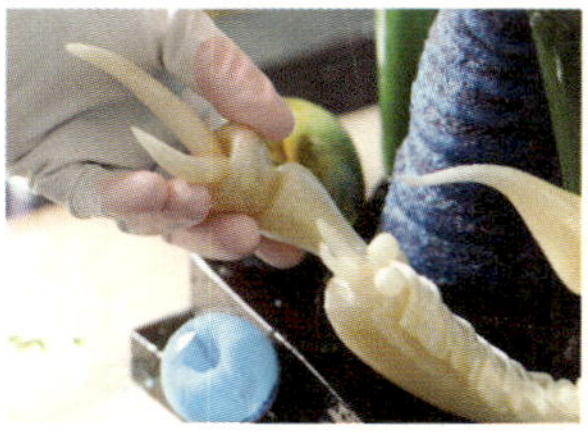

9

8)에 전갈을 붙인다.

10

전갈의 발을 붙인다.

11

전사를 붙여준다.

12

전갈에 에어브러쉬로 노란색을 뿌려준다.

13

빨간색을 뿌려준다.

14

전체 뿌려준다.

15

아바타 사자에 에어브러쉬로 노란색과 갈색을 뿌려준다.

16

입 주위에는 에어브러쉬로 적색을 뿌려준다.

Le Paysage De L Mer

Sucre Coule

le Paysage de la Mer 바다풍경

1

슈크레 쿨레로 만든 구와 OPP로 만든 틀을 붙여준다.

2

물고기를 붙힌 후 노란색을 뿌려준다.

3

이소말트로 만든 해초에도 뿌린다.

4

2)에 다시 적색을 뿌려준다.

5

꽃과 슈크레 쿨레로 만든 설팅을 붙인다.

6

꽃과 돌고래와 해초를 붙인다.

7

OPP로 만든 꽃잎을 붙인다.

8

작은 물고기를 붙인 전체사진

Sucre Tire

설탕	1000g	1000g	물엿	0~300g	50g
물	300g	500g	주석산	3~6방울	2~3g

Rose

Dahlia Pompom

Sucre Tire

Rose 장미꽃

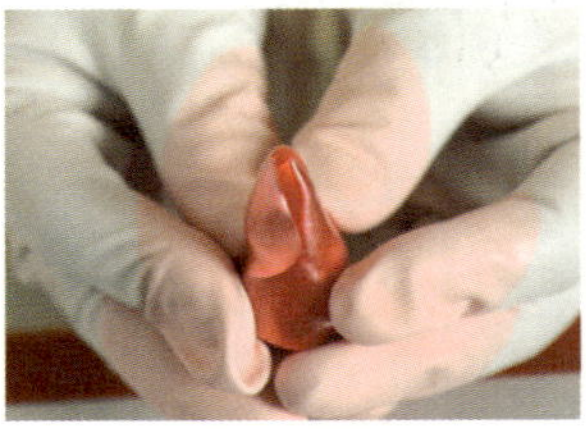

1

슈크레 티레 반죽을 이용하여 장미꽃의 몽우리를 만들고 꽃잎을 한 장 붙인다.

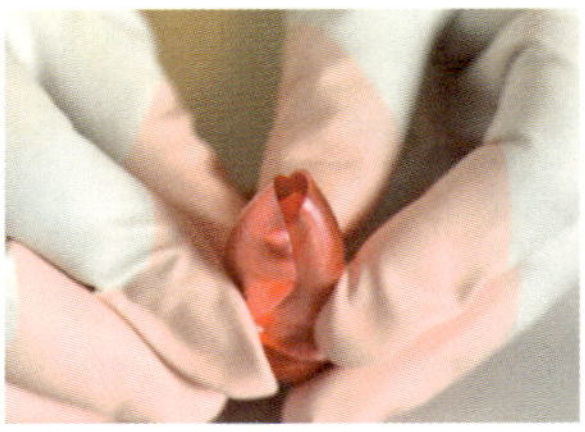

2

1)에 다시 한 장을 더 붙여준다.(2장을 돌려준다.)

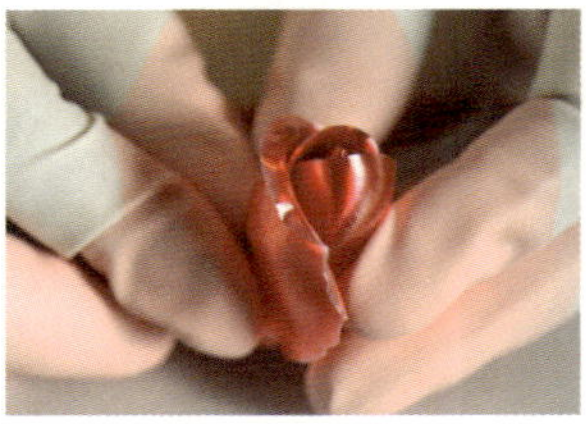

3

2)에 모양을 낸 꽃잎을 붙인다.

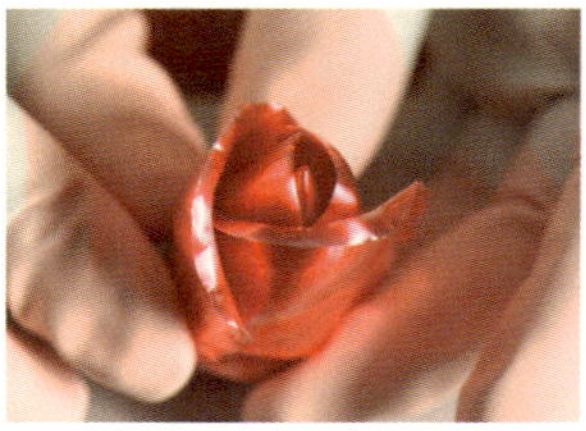

4

3)에 다시 한 장 붙여준다.(3장을 돌려준다)

5

4)에 다시 꽃잎을 붙여준다.

6

5)에 다시 꽃잎을 붙인다.(4장을 돌려준다.)

7

6)에 다시 꽃잎을 5장 돌려 붙인다.

8

7)에 다시 6장을 돌려 붙여준다.

Sucre Tire

Dahlia Pompom 다알리아 방울꽃

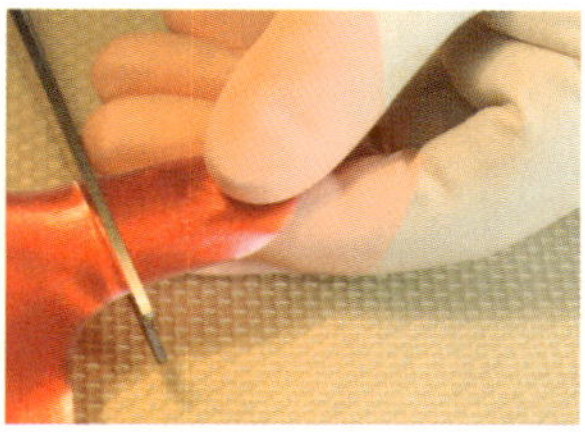

1

슈크레 티레 반죽으로 꽃잎을 작게 잘라준다.

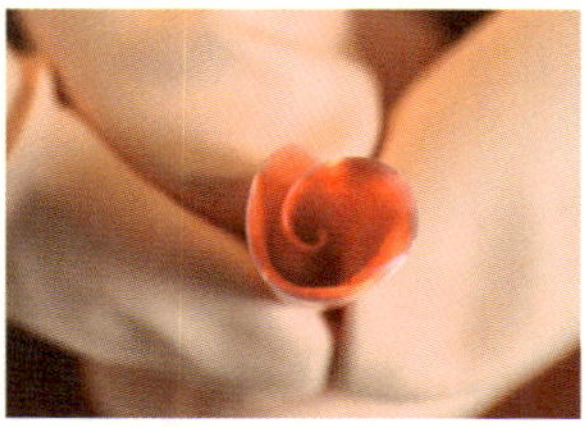

2

1)을 손을 이용하여 돌려 감싸준다.

3

2)의 꽃잎을 균형있게 붙여준다.

4

3)의 윗면에 다시 꽃잎을 붙인다.

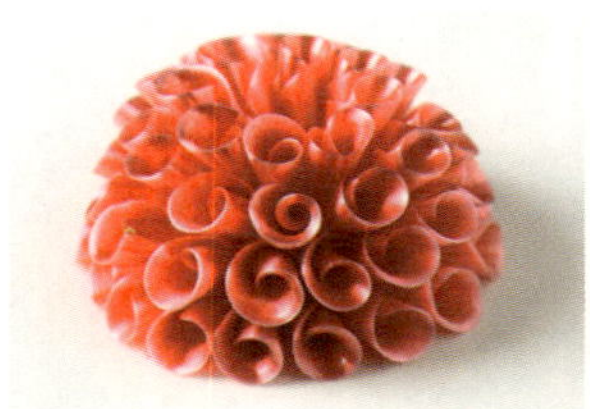

5

4)의 윗면에 꽃잎을 붙인다.

6

5)에 조금 작게 만든 꽃잎을 붙여 마무리한다.

Sucre Tire

Violets

Apple Blossom

Sucre Tire

Violets 제비꽃

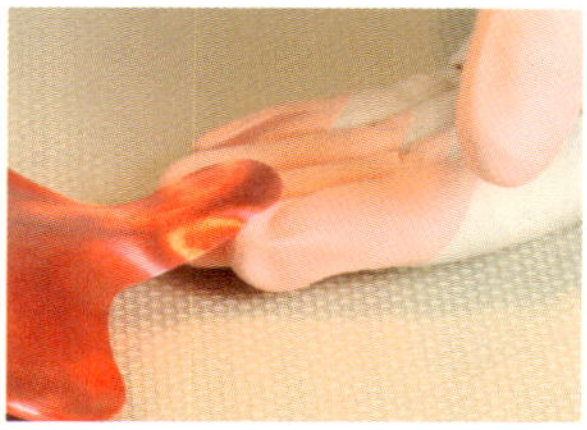

1

슈크레 티레 반죽을 이용하여 늘려준다.

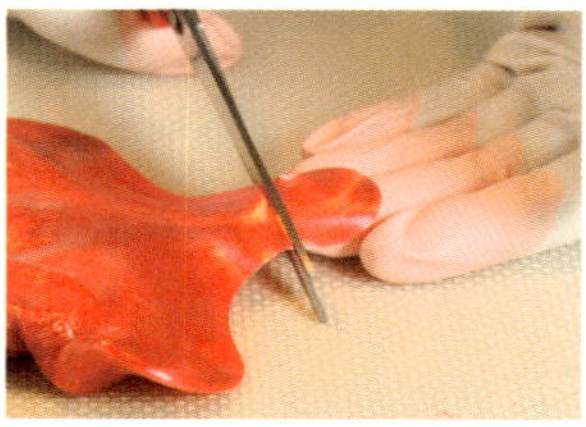

2

1)을 가위로 잘라준다.

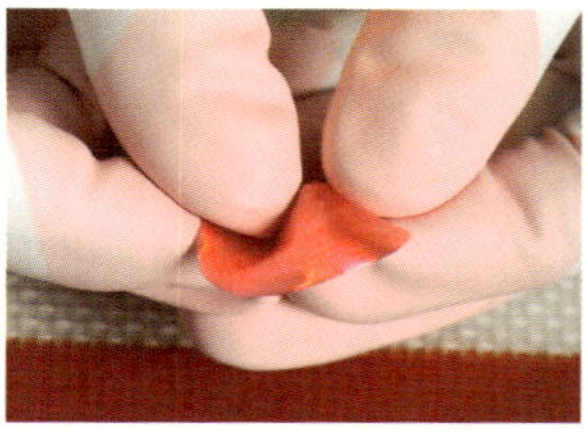

3

2)를 손으로 한쪽을 누르고 한 쪽은 올려 모양을 낸다.

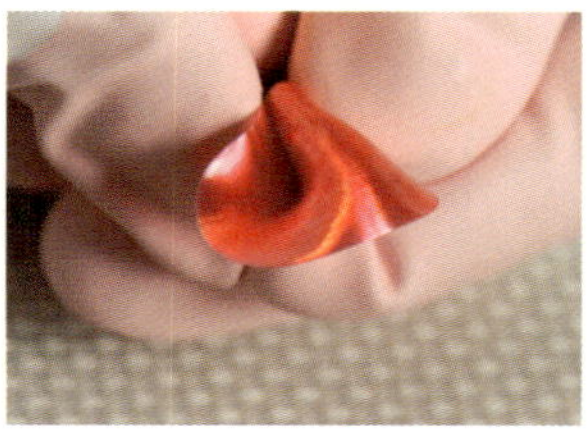

4

3)을 모양낸 것

5

5개의 잎을 만든다.

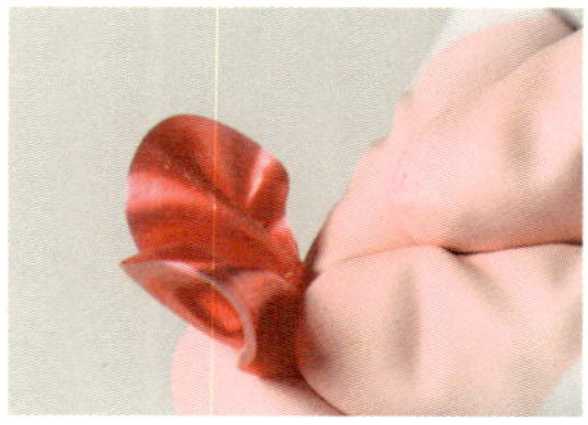

6

5)를 알코올 램프로 한 장씩 붙여준다.

7

5장을 붙인 모양

8

중앙에 술을 만들어 붙여준다.

Sucre Tire

Apple Blossom 사과꽃

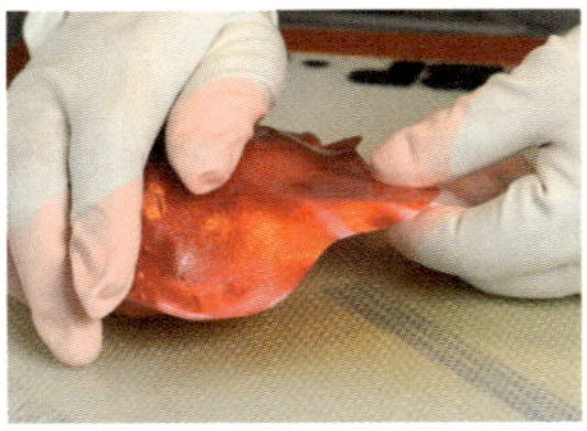

1

슈크레 티레 반죽을 늘려준다.

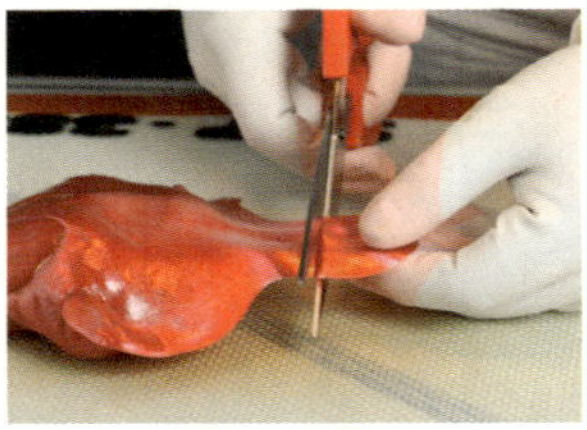

2

1)을 가위로 잘라준다.

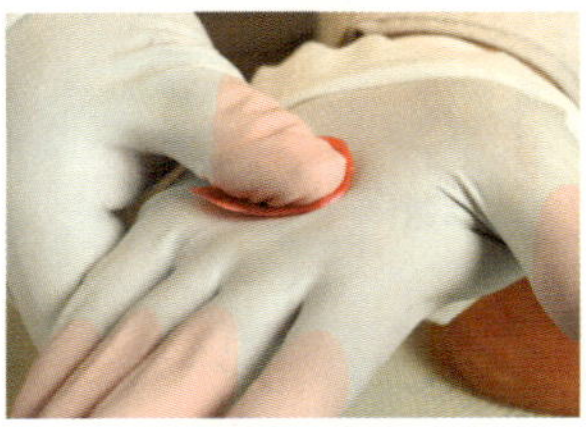

3

엄지손가락과 손바닥을 이용하여 꽃잎을 만든다.

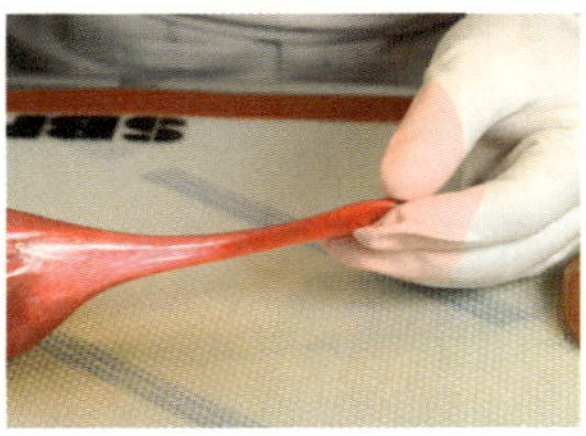

4

반죽을 길게 늘려준다.

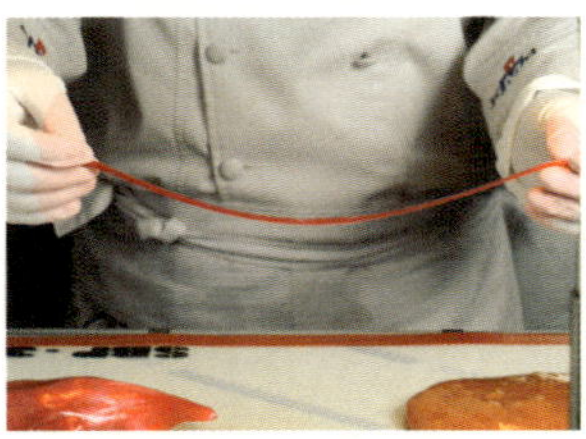

5

4)를 다시 한 번 늘려 2가닥으로 만든다.

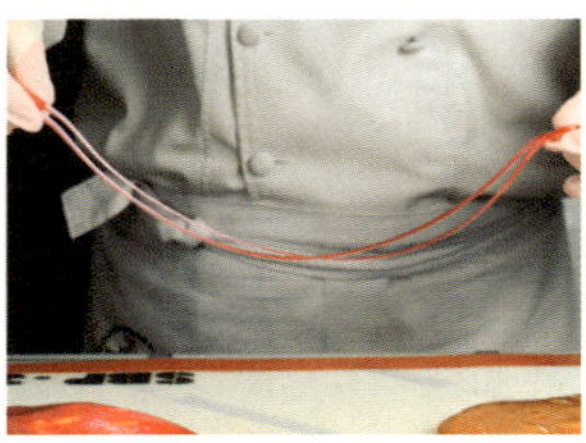

6

5)를 다시 한 번 늘려 4가닥으로 만든다.

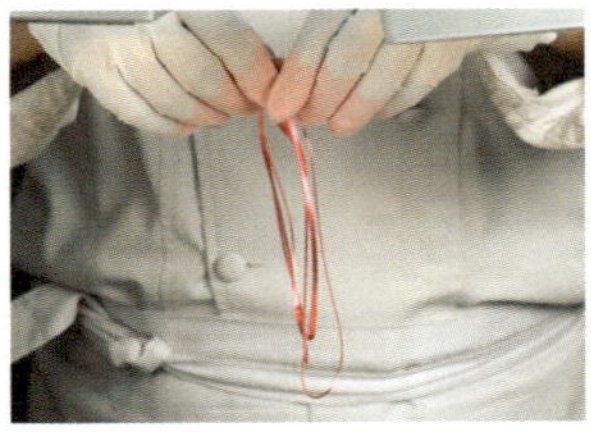

7

6)의 밑부분을 하나로 뭉친다.

8

7) 손으로 돌려주면서 모양을 만든다.

9

전체 만든 꽃잎들

10

꽃술을 붙여준다.

11

사과 꽃잎을 붙인다.

12

11)에 꽃잎을 전체 붙여준다.

Sucre Tire

Stylized Orchid

Sucre Tire
Stylized Orchid 난초

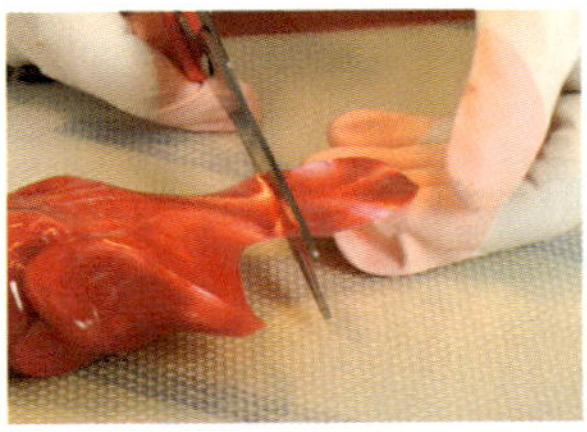

1

슈크레 티레 반죽을 늘려준다.

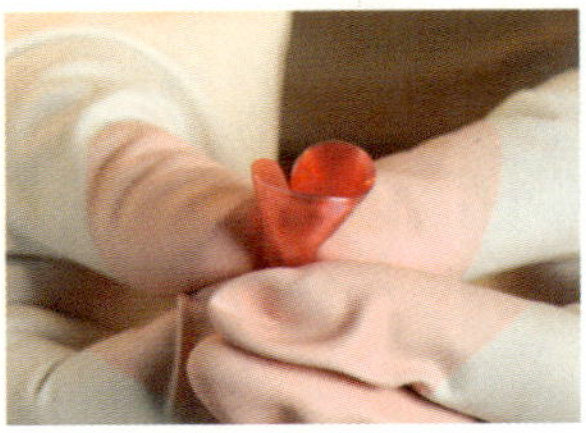

2

1)을 손으로 중앙 부분을 만든다.

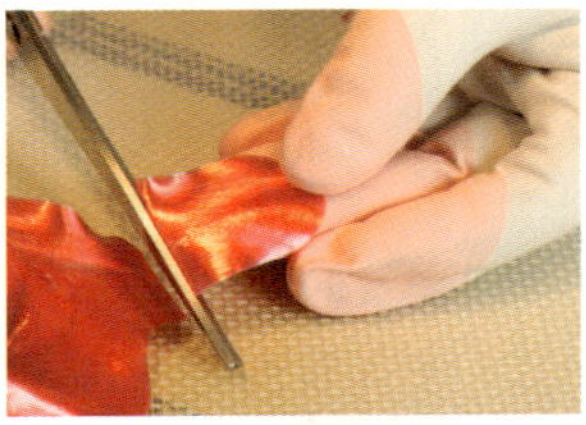

3

다시 반죽을 늘려준다.

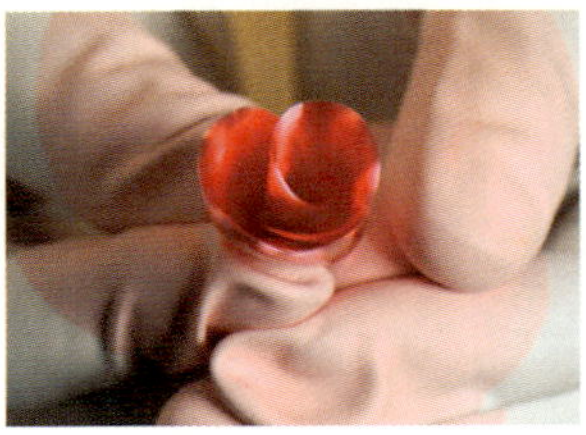

4

2)에 3)의 꽃잎을 붙여준다.

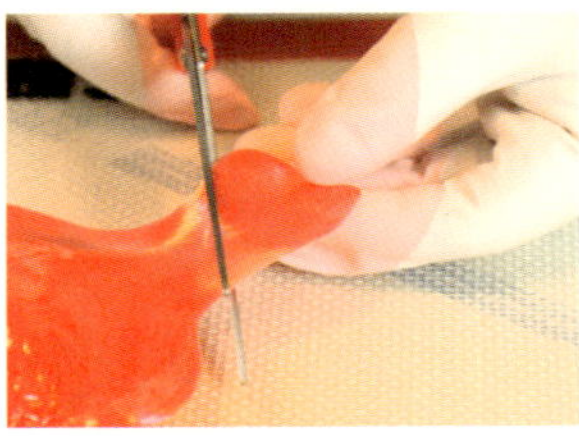

5

꽃잎을 늘린 후 대각선으로 잘라 꽃잎을 만든다.

6

5)를 실리콘틀에 올려놓는다.

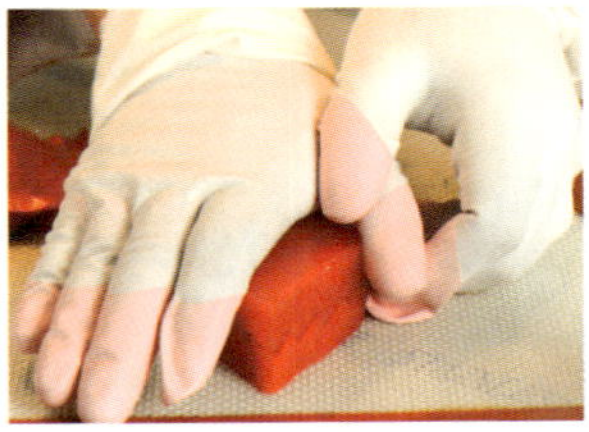

7

6)에 다시 실리콘틀을 올려 눌러준다.

8

7)을 조금 휘어준다.

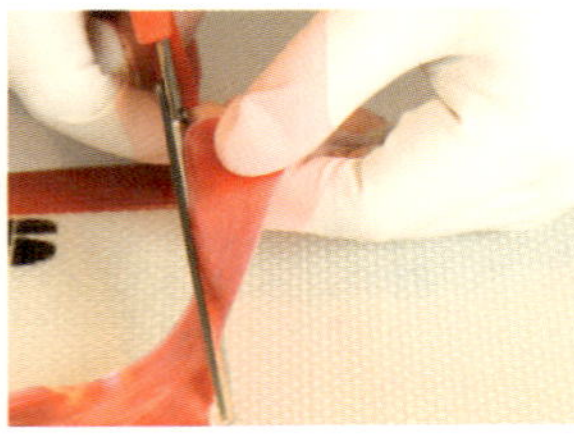

9

5)보다 조금 더 가늘고 길게 꽃잎을 잘라준다.

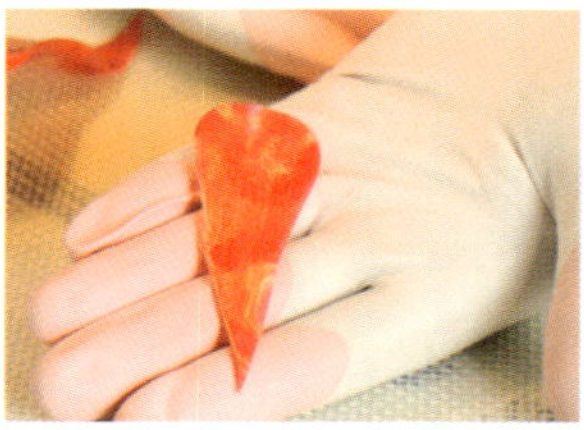

10

9)를 길게 자른 모양

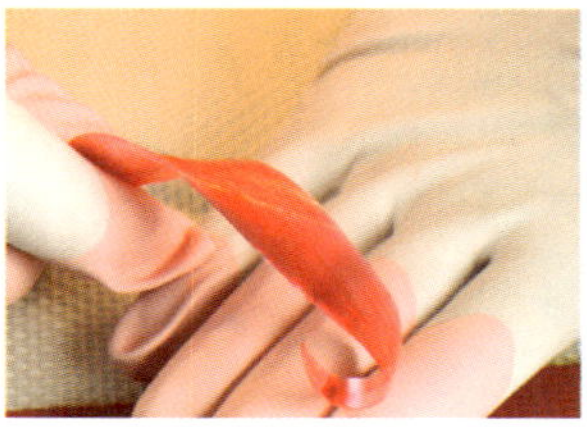

11

10)을 윗부분과 밑부분을 조금 휘어 모양을 잡는다.

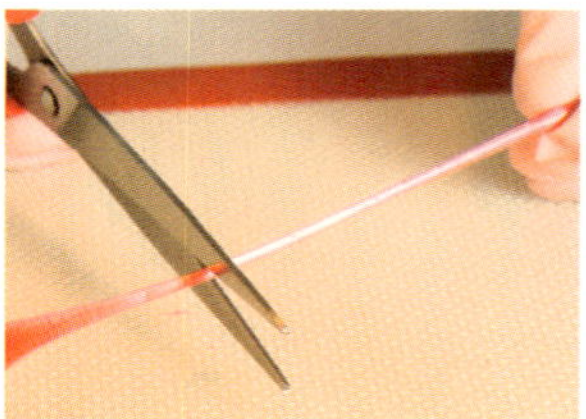

12

반죽을 길게 늘려준다.

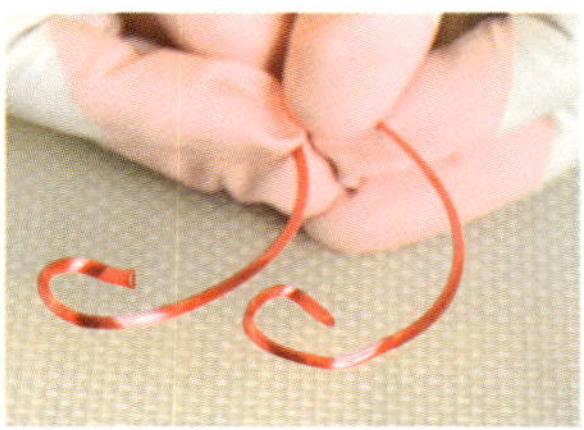

13

12)를 휘어 꽃술을 만든다.

14

전체 만든 꽃잎 모양들

15

꽃잎을 붙여준다.

16

15)에 실리콘으로 찍은 꽃잎을 3장 붙여준다.

17

16)에 길게 늘린 꽃잎을 5장 붙여준다.

18

17)에 꽃술을 붙여준다.

Sucre Tire

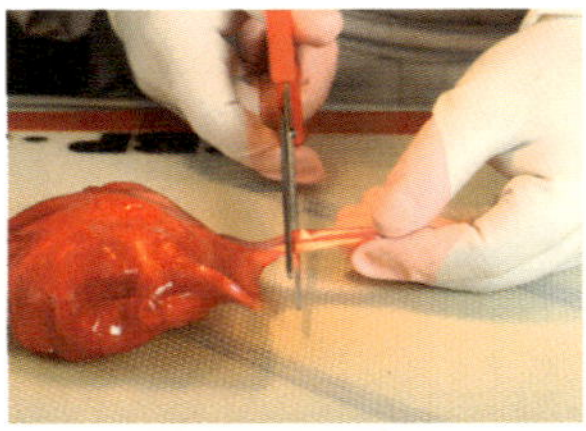

1

빨간 꽃잎을 가늘고 길게 늘려 잘라준다.

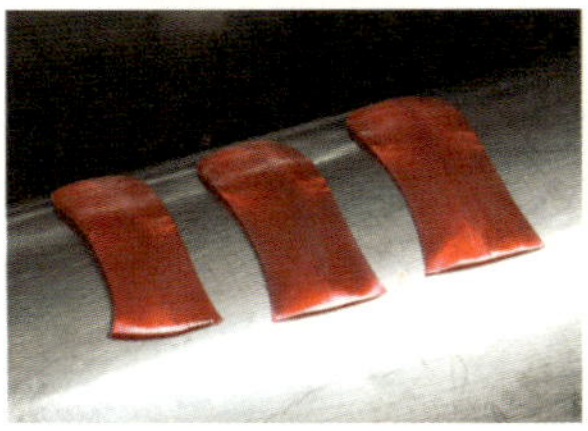

2

반달 모양틀에 1)을 올려준다.

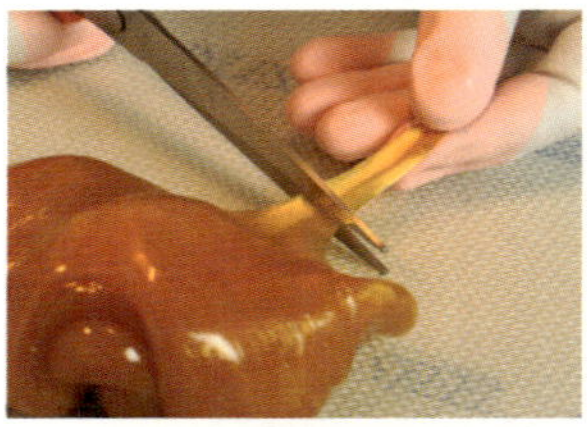

3

노란색 반죽을 가늘고 길게 늘려준다.

4

3)을 반달 모양틀에 올려준다.

5

빨강 반죽을 펌프로 공기를 넣어 모양을 낸다.

6

설탕에 색소를 조금 넣어 섞어준 후 5)의 반죽에 묻혀준다.

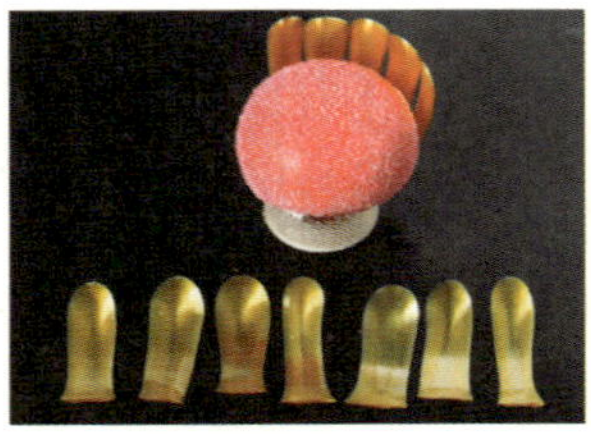

7

6)에 4)의 꽃잎을 붙여준다.

8

7)에 2바퀴 돌려 붙인다.

9

8)에 다시 돌려 붙여준다.

10

9)에 다시 빨간색 반죽을 돌려 붙여준다.

11

10)에 전체 빨간색 꽃잎을 붙여준다.

Sucre Souffle

Avatar

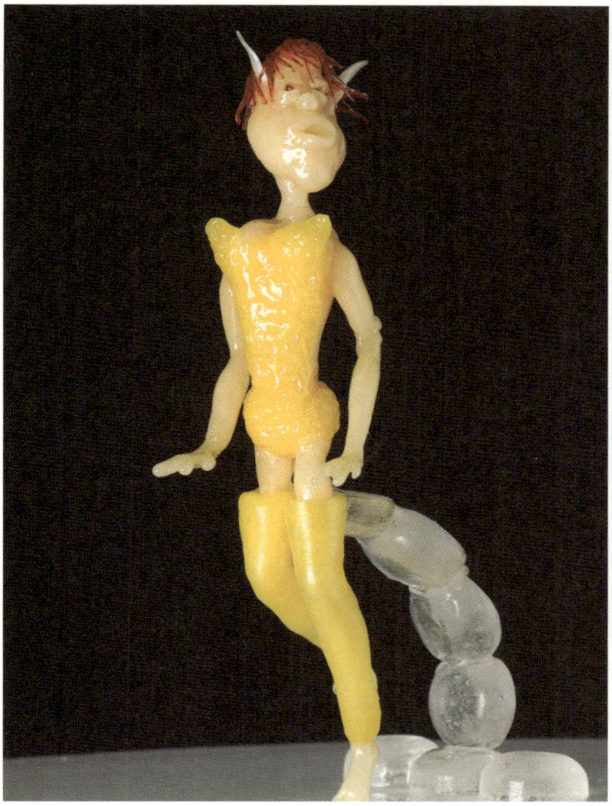

Femme 여인

Amazone 여전사

Poisson 물고기 모양들

Tout 전체 붙인 모양

Dauphin 돌고래 붙인 모양

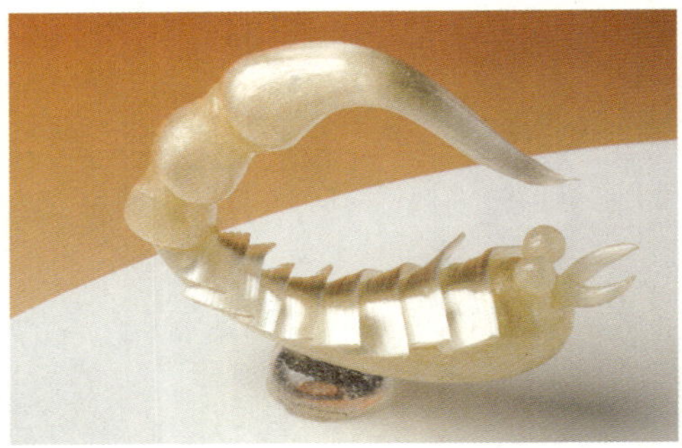

Scorpion 전갈 몸통

Scorpion main 전갈 손모양

Scorpion patte 전갈 발모양

Stylized Orchid 설탕 끓이기

1

스테인리스 보울에 설탕과 물을 넣어 끓여준다.

2

1)이 끓으면 물엿을 넣어 다시 끓인다.

3

2)를 160도까지 끓인다.

4

원형 세라클틀을 준비한다.

5

3)에 초록색 색소를 조금 넣은 후 160℃까지 끓인 다음 찬물에 놓아 온도 상승을 막아준다.

6

5)가 130도가 되면 4)에 부어 굳힌다.

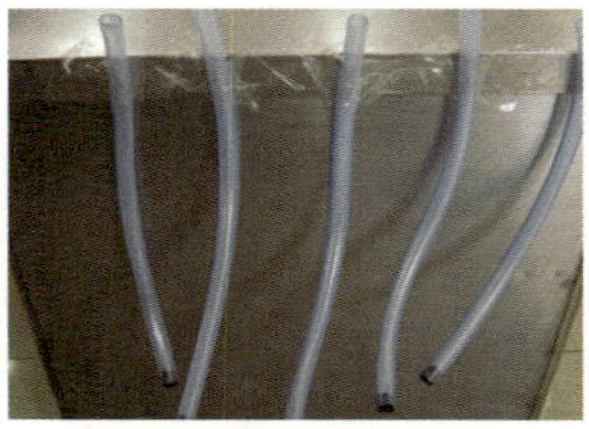

7

호스를 작업대에 붙여놓는다.

8

5)의 반죽을 종이컵을 이용하여 호스에 부어준다.

9

8)을 보울에 고정시킨 후 굳힌 다음 호스를 날카로운 칼로 잘라 사용한다.

Amoureux

Amoureux 사랑하는 연인

1

연인 실리콘 몰드에 슈크레 쿨레 블랑 반죽을 넣어 굳힌다.

2

1)의 실리콘 몰드를 제거한다.

3

완성된 연인들

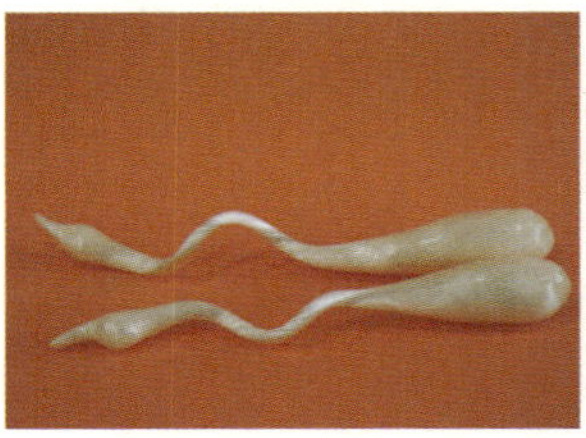

4

슈크레 수플레 반죽을 이용하여 백조 몸통을 만든다.

5

리본 반죽으로 초록색 리본을 만든다.

6

빨간색 리본도 만들어준다.

7

초록색 색소를 조금 넣어 만든 쿨레를 원형 세라클에 부어 굳힌다.

8

호스에 쿨레 반죽을 부어 보올에 스카치테이프 등으로 붙여 굳힌다.

Assemblage ordre 조립순서

초콜릿 Chocolate

Petit format Artisanat d' art 소형공예
Chocolate ballotin Bricolage A 초콜릿 상자 만들기 A
Chocolate ballotin Bricolage B 초콜릿 상자 만들기 B
Bougie 양초
Grandeur moyenne Artisanat d' art 중형공예
Truffle au Rum 트러플 럼
Truffle au Tea 트러플 티
Truffle Montee 트러플 몽테
White Truffle au Framboise 트러플 후람보와즈
Ganache au Fruit de la Mangue 가나슈 망고
Ganache au Champagne 샴페인
Ganache au Framboise 후람보와즈
Florentine 프로렌틴
Muscadine 무스카딘
Mocha 모카
A Citron Ganache 시트롱 가나슈
Namachcco Feuilltine 생초코 푀이틴
Bonbon Praline au Quatre Epices 4가지 향신료와 플라린 봉봉
Tuiles Chocolate Blanc Coco 코코넛 튀일
Valentine Bonbon 발렌타인 봉봉
Rosemary 로즈마리
Ginger 진저
Cointreau 코앵트로
Amande Caramelisee Chocolate 아몬드 캐러멜 초콜릿
Honey Lemon 허니 레몬
Bonbon Mangue Abricot 봉봉 망고 애브리코트
Gélatine Mold A 젤라틴 몰드 만들기(A형)
Gélatine Mold B 젤라틴 몰드 만들기(B형)
Silicone Mold 실리콘 몰드 만들기
Chocolate Decoration 1 초콜릿 장식 1
Chocolate Decoration 2 초콜릿 장식 2
Chocolate Decoration 3 초콜릿 장식 3
Chocolate Decoration 4 초콜릿 장식 4

초콜릿(Chocolate)

카카오빈beans 콩을 주원료로 하며 카카오 버터, 설탕, 유제품 등을 섞은 것으로 독특한 쓴맛과 입속에서 부드럽게 녹아드는 맛이 특징이다.

이것은 적도를 중심으로 하여 남북 20도 사이의 지역에서만 생육하는 카카오나무(학명은 Cheobroma cacao Lin 스웨덴의 식물학자 C.V. Linde가 1720년에 명명한 나무. 의미는 Theo=신, broma=음식, 즉 신으로부터 선물받은 음식물)의 열매카카오 포드, cacao pod 속의 종자, 즉 카카오 시드cacao seeds이다.

원산지는 남아메리카 브라질 아마존 강 상류와 베네수엘라의 오리노코 강 유역이다.

어원, 기원

초콜릿이 남아메리카에서 유럽으로 전해질 때는 15세기말 C. 콜롬버스가 갖고 들어온 것이 시초이다.

그 뒤 16세기 중반에 멕시코를 탐험한 H. 코르테스가 에스파냐에 소개되었고, 17세기에 비로소 유럽 전역에 퍼졌다.

카카오의 카카caca는 고대 멕시코의 아즈테카어로 "쓴맛"을 뜻한다. 여기서 액체를 뜻하는 아틀atl이 붙어 카카하틀cacahuatl이 되고, 약칭으로 카카오라 불렀다. 초콜릿은 아즈테카 · 마야어로서 "따뜻함"을 뜻하는 쇼코choco에 카카하틀의 어미인 아틀이 붙어 쇼코아틀choco-atl, 그 뒤 쇼코라틀chocolatel, 그리고 초콜릿이 되었다고 한다. 문자 그대로 "따뜻하고 쓴즙"이란 뜻이다. 이렇게 음료로 마시던 초콜릿이 1842년 영국에서 초콜릿 케이크로, 1876년 스위스에서 판 초콜릿으로 변형되었다.

초콜릿의 분류

1. 배합 조성에 따른 분류

1) **비터 초콜릿(Bitter chocolate)** : 카카오 마스. 여기에는 카카오버터가 들어 있어 식으면 굳는다. 커버추어용이다.

2) **스위트 초콜릿(sweet chocolate)** : 카카오 마스(비터 초콜릿)에 설탕을 더하고, 바닐라로 풍미를 낸 것.

3) **밀크 초콜릿(milk chocolate)** : 스위트 초콜릿에 분유를 더한 것.

4) **화이트 초콜릿(white chocolate)** : 카카오마스 성분이 없는 흰 초콜릿.

5) **커버추어(coverture)** : 카카오버터가 전체의 30% 이상 포함되어 있는 것. 봉봉 오 쇼콜라의 피복용.

2. 용도에 따른 분류

1) **커버츄어** : 누가, 캔디, 비스킷, 마시멜로 등을 센터로 하여 피복하기 알맞은 것.

2) **생과자 코팅용** : 스펀지 케이크와 같은 케이크류에 덧씌우는 것으로 경화류를 섞는다.

3) **모델링 초콜릿(modeling chocolate)** : 쇼콜라 프라스티크chocolate plastique라고도 하는 세공용 초콜릿이다.

초콜릿은 수분이 들어가면 카카오 빈의 섬유질이 수분을 흡수하여 수축한다. 이 성질을 이용하여 녹인 초콜릿에 시럽과 물엿을 더하여 페이스트 상태로 만든다. 완성된 것은 마지팬과 비슷하고 세공하기 쉽다.

취급 방법은 마지팬과 같으나 단지 열에 약하다는 점이 다르다. 여러 가지 색을 들일 수 있다.

4) **기타** : 카카오 마스를 빼고 카카오 버터만으로 만든 화이트 초콜릿에 색을 들이는 것.

Chocolate Tempering 초콜릿 템퍼링

Dark : 40~50℃ 〉 28~30℃ 〉 30~32℃
Milk : 40~45℃ 〉 26~28℃ 〉 28~30℃
White : 40~45℃ 〉 26~28℃ 〉 28~30℃

Chocolate Pistolet 초콜릿 피스톨레

초콜릿 60%~70%, 카카오 버터 30%~40%, 초콜릿 색소 적당량

1. 초콜릿을 템퍼링한 후 카카오 버터와 초콜릿 색소를 섞어준다.
(이때 카카오 버터와 초콜릿 색소도 30℃로 온도를 맞추어서 섞어준다.)

Chocolate Pigment 초콜릿 색소

카카오 버터 100%, 초콜릿 색소 8 ~15%

1. 카카오 버터를 30℃로 녹여 놓는다.
2. 1)에 초콜릿 색소를 넣고 푸드 프로세서로 믹싱한다.
(푸드프로세서가 없으면 색소에 카카오 버터를 조금 넣어 수저 등으로 미리 풀어준 후 카카오 버터를 조금씩 넣어 섞는다.)

Petit format Artisanat d'art 소형공예

Chocolate ballotin Bricolage A 초콜릿 상자 만들기 A

Chocolate ballotin Bricolage B 초콜릿 상자 만들기 B

Bougie 양초

탬퍼링 3가지 방법

Marbre Tempering 대리석 템퍼링 방법

녹인 초콜릿을 대리석에 2/3를 부은 후 온도를 내린 다음 나머지 1/3과 섞어 템퍼링하는 방법

Eaux Tempering 물 템퍼링 방법

중탕으로 녹인 초콜릿을 찬물에 식혀 템퍼링하는 방법

Inoculation volontaire 접종법

녹인 초콜릿에 잘게 썰은 1/4의 초콜릿을 섞어 템퍼링하는 방법

Marbre Tempering 대리석 템퍼링 방법

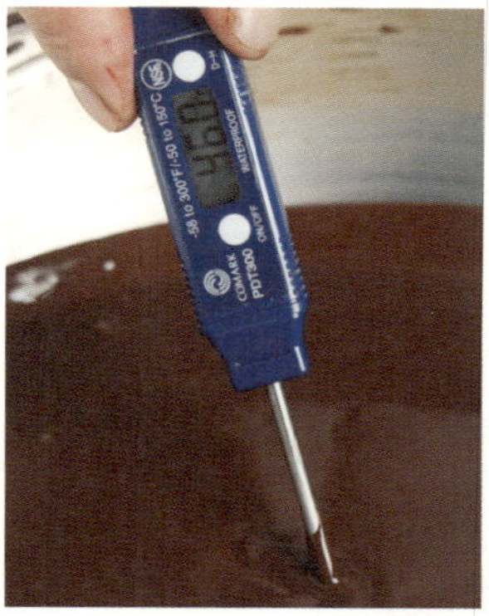

1

초콜릿을 45℃로 녹인다.

2

1)을 대리석에 2/3를 부어 차게 식힌다.

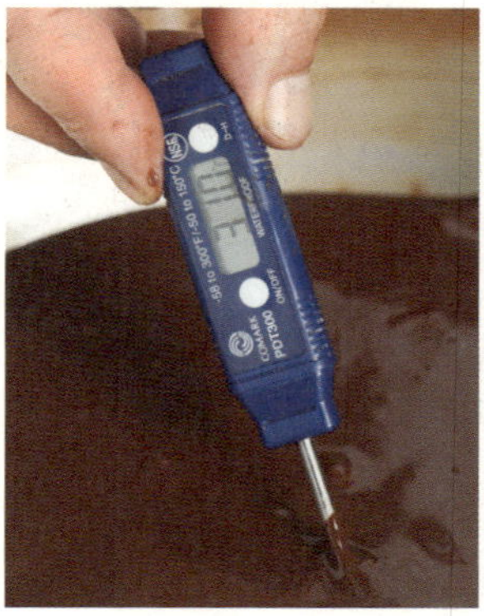

3

2)를 1/3 남은 초콜릿에 넣어 섞어서 30~32℃로 맞춘 후 사용한다.

Truffle au Rum

Truffle au Rum 트러플 럼

재 료

다크 초콜릿 300g, 생크림 150g, 버터 30g,
우유 10cc, 럼 20cc

마무리

다크 초콜릿 적당량

1

손잡이 냄비에 생크림, 우유를 넣어 끓인다.

2

1)을 초콜릿이 있는 보올에 넣어준다.

3

거품기로 중앙부터 조금씩 초콜릿을 유화시킨다. 버터를 넣어 매끄럽게 될 때까지 혼합한다.

4

초콜릿이 완전히 녹으면 럼을 넣고 혼합한다. 짤 수 있게 굳을 때까지 그대로 천천히 굳힌다.

5

4)를 원형모양깍지를 끼운 짤주머니에 담아서 2㎝ 짜준 후 실온에서 굳힌다.

6

카카오 파우더를 손에 묻힌 후 가나슈를 한 개씩 원형으로 굴린다.

7

템퍼링한 초콜릿을 커버한 후 망에 굴린다.

Truffle au Tea

Truffle au Tea 트러플 티

재 료

밀크 초콜릿 400g, 생크림 200g, 녹차 10g,
물엿 20g, 우유 20~30cc

마무리

밀크 초콜릿 적당량

1

손잡이 냄비에 생크림, 우유, 물엿을 넣는다.

2

1)에 녹차를 넣고 끓인다.

3

2)를 밀크 초콜릿에 넣고 중앙부분부터 섞어준다.

4

원형모양깍지를 끼운 짤주머니를 이용하여 2㎝로 짜준 후 실온에서 굳힌다.

5

위생장갑으로 가나슈를 한 개씩 원형으로 굴린다.

6

템퍼링한 초콜릿을 위생장갑을 낀 손에 묻혀 5)를 굴린 후 유산지나 비닐에 놓고 템퍼링한 초콜릿을 넣어 디핑포크로 건져낸 다음 철망에 놓고 굴려서 모양을 만든다.

Truffle Montee

Truffle Montee 트러플 몽테

재 료

초콜릿 200g, 다크 초콜릿 200g, 전화당 40g,
생크림250g, 버터38g

마무리

다크 초콜릿, 카카오 파우더 적당량

1

손잡이 냄비에 생크림과 전화당을 끓인다.

2

잘게 썰은 초콜릿에 1)을 1/4씩 넣어 계속 유화시킨 후 1일간 굳힌다.(실온) 굳힌 초콜렛을 비터로 섞는다.

3

2)에 버터를 부드럽게 한 후 넣어 연한색이 될 때까지 믹싱한다. 사각틀에 부은 후 1일 정도 (실온) 굳힌다.

4

3)을 지름 1.2㎝ 원형모양깍지에 담아 짠 후 1일간 굳힌다.

5

카카오파우더를 손에 묻힌 후 4)를 한 개씩 올려 원형으로 굴린다.

6

5)를 템퍼링한 초콜릿을 묻힌 후 카카오 파우더에 넣어 굴려준다.

White Truffle au Framboise

White Truffle au Framboise 트러플 후람보와즈

재 료

다크 초콜릿 280g, 후람보와즈 퓨레 192g,
후람보와즈 리큐르 24g, 전화당 80g,
버터 120g

마무리

화이트 초콜릿 적당량

1

손잡이 냄비에 후람보와즈 퓨레와 전화당을 섞어서 끓인다.

2

다크 초콜릿에 1)의 후람보와즈를 1/3씩 다크 초콜릿에 넣는다.

3

2)를 도깨비 방망이로 유화시킨다.

4

3)에 후람보와즈 리큐르를 넣어 섞는다. 틀에 부어 굳을 때까지 실온에서 굳힌다.

5

4)를 소형믹서기에 옮긴 후 비터를 끼운 다음 버터를 넣어 유화시킨다.

6

5)를 지름 1.2㎝ 원형 모양깍지에 담아 짜서 실온에서 1일 굳힌다.

7

6)을 1개씩 원형으로 굴린 다음 하루 정도 굳힌 후 템퍼링한 화이트 초콜릿에 넣어 디핑포크로 건져낸 다음 철망에 놓고 굴려서 모양을 만든다.

Ganache au Fruit de la Mangue

Ganache au Fruit de la Mangue 가나슈 망고

재 료

밀크 초콜릿 375g, 생크림 80g,
망고퓨레 200g, 글루코오스 20g, 버터 20g,
노른자 40g, 설탕 50g

마무리

화이트 초콜릿 적당량, 초콜릿 색소

1

손잡이 냄비에 크림과 망고퓨레, 글루코오즈를 넣고 설탕 1/2을 넣고 끓인다.

2

보올에 계란노른자와 설탕 1/2을 넣어 기포한 후 1)과 섞은 다음 앙글레이즈 소스를 만든다.

3

밀크 초콜릿에 2)를 넣고 섞어준다.

4

3)에 버터를 넣어 섞어준다. 실온에서 짤 수 있는 정도까지 굳힌다.

5

카카오버터와 색소를 몰드에 묻혀준다.

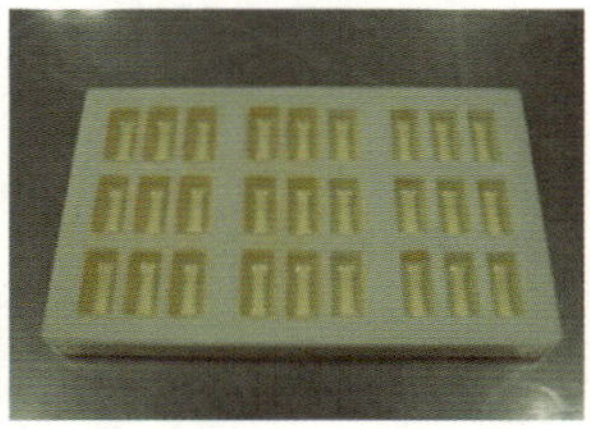

6

템퍼링한 화이트 초콜릿을 틀에 부어 겉씌우기 한다. 화이트를 겉씌운 몰드가 굳으면 비닐짤주머니에 넣은 가나슈를 준비한다.

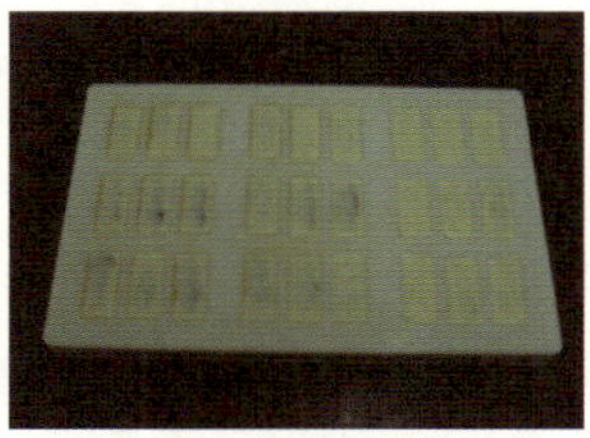

7

몰드에 망고 가나슈를 90% 짜준 후 굳힌다.

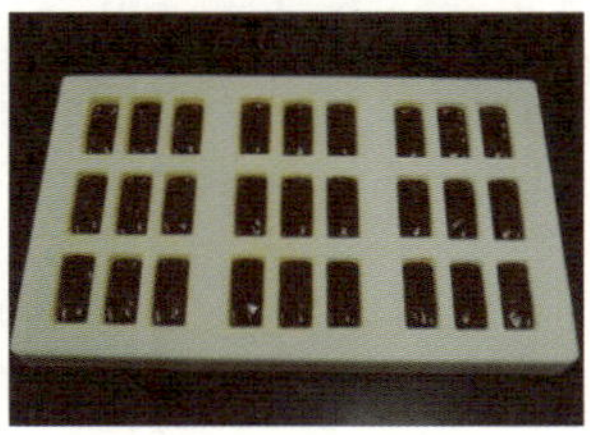

8

7)에 다시 화이트 초콜릿을 씌운 다음 굳힌 후 꺼낸다.

Ganache au Champagne

Ganache au Champagne 샴페인

재 료

밀크 초[illegible] 150g, 생크림 50g, 설탕 15g, 물엿 25[illegible]페인 75g

마무리

다크 초콜릿 적당량

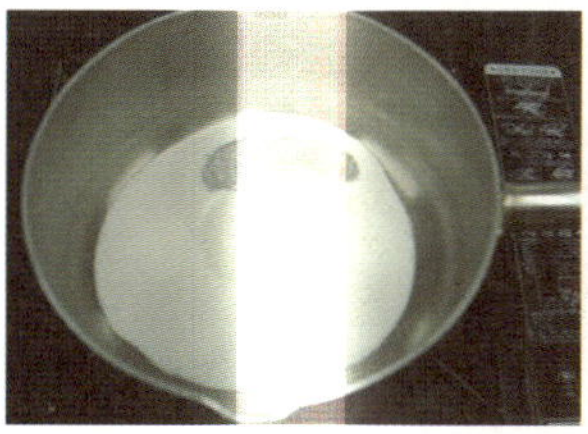

1

손잡이 냄비에 생크림, 물엿, 설탕을 넣고 불에 올려 끓인다.

2

1)을 밀크 초콜릿에 넣어 중앙부터 혼합한다.

3

2)가 매끄러운 상태가 되면 샴페인을 조금 넣고 섞는다. 서로 어울리면 나머지 샴페인을 넣고 섞어준다.

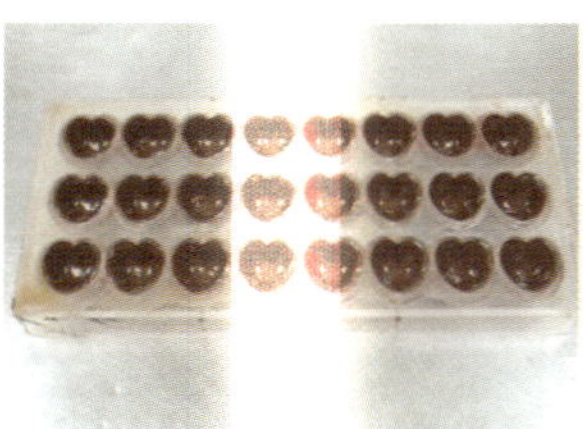

4

몰드에 카카오 버터와 색소를 묻힌 후 템퍼링한 다크 초콜릿을 겉씌운다.

5

씌운 몰드가 굳으면 비닐짤주머니에 샴페인 가나슈를 준비해둔다.

6

몰드에 샴페인을 90% 짜준다.

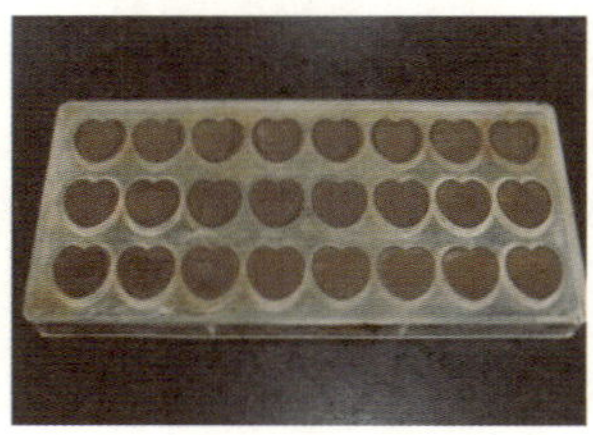

7

6)에 다시 윗면에 다크 커버츄어를 씌운 다음 굳힌 후 꺼낸다.

Ganache au Framboise

Ganache au Framboise 후람보와즈

재 료

화이트 초콜릿 150g, 생크림 50g, 물엿 15g, 꿀 15g, 레몬즙 5cc, 후람보와즈 리큐르 25cc, 후람보와즈 퓨레 75g

마무리

화이트 초콜릿 적당량, 초콜릿 색소

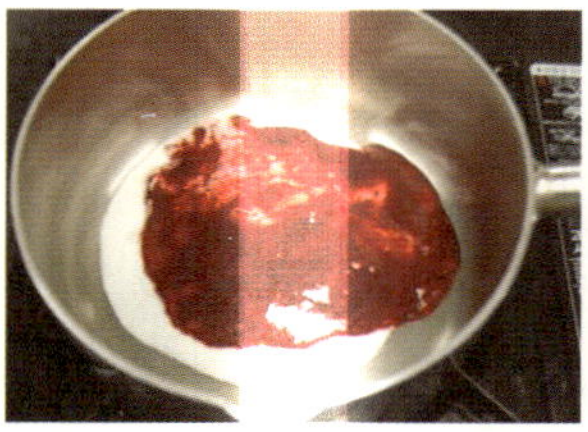

1

손잡이 냄비에 생크림, 물엿, 꿀, 후람보와즈 퓨레를 넣고 끓인다.

2

1)을 비등한 후 화이트 초콜릿을 넣고 중앙부터 섞어준다.

3

2)에 레몬즙 혼합, 후람보와즈 리큐르를 넣고 혼합, 실온에서 하루 굳힌다.

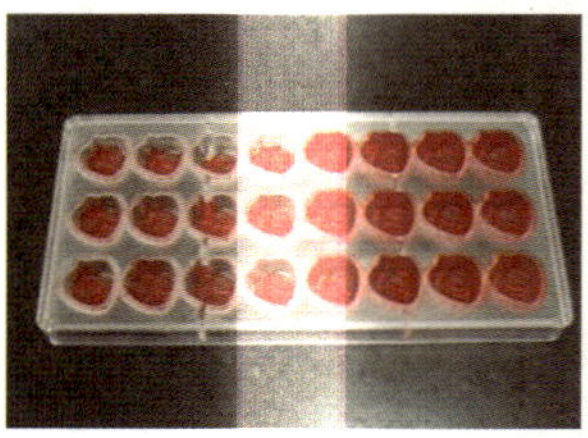

4

몰드에 카카오 버터+색소를 묻힌 후 굳힌다.

5

템퍼링한 화이트 초콜릿을 몰드 겉을 씌우고 굳으면, 후람보와즈 가나슈를 비닐짤주머니에 담아 준비한다.

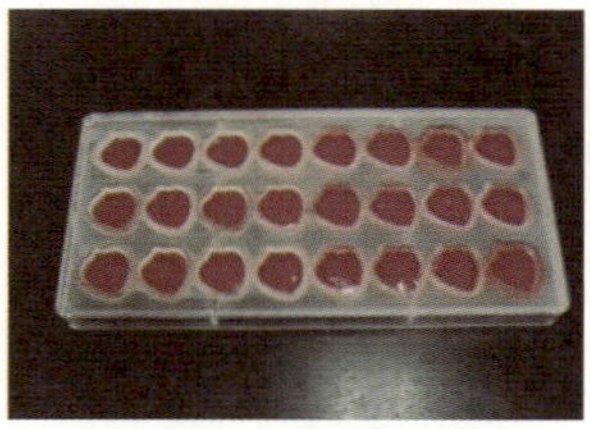

6

5)에 가나슈를 틀에 90%까지 짜준다.

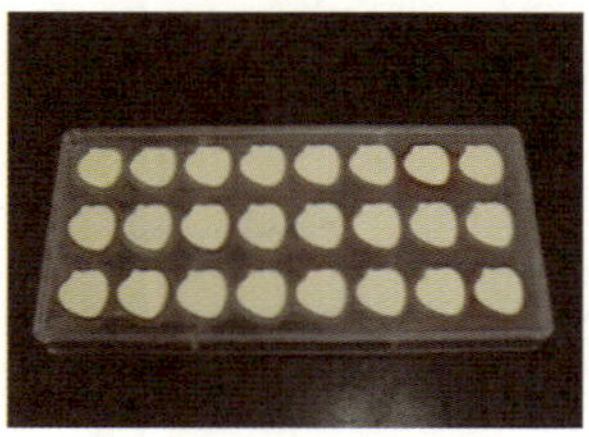

7

6)에 다시 윗면을 화이트 초콜릿을 씌운 다음 굳힌 후 꺼낸다.

Florentine

Florentine 프로렌틴

재 료

설탕 300g, 물엿 100g, 생크림 130g,
버터 150g, 오렌지필 200g, S-아몬드 250g,
피스타치오 [illegible]0g

마무리

다크 초콜릿 적당량

1

손잡이 냄비에 설탕을 넣은 다음 약한 불로 갈변화시킨다.

2

1)에 끓인 생크림과 물엿을 넣고 다시 끓인다.

3

끓인 2)를 갈색이 되도록 만든다.(캐러멜화시킨다)

4

3)에 버터를 넣고 혼합한다.

5

4)에 견과류를 혼합한 후 실리콘 페이퍼에 얇게 편다.

6

원형 플렉쉬팬에 동그랗게 만들어 넣는다.

7

6)의 같은 크기의 초콜릿 몰드에 템퍼링한 다크 초콜릿을 100% 투입 후 프로렌틴을 위에 올려 굳힌다.

Muscadine

Muscadine 무스카딘

재 료

밀크 초콜릿 100g, 생크림 50g, 글루코오스 10g,
카카오 버터 20g, 프랄리네 40g, 코엥트로 10g

마무리

슈거파우더 적당량

1

손잡이 냄비에 생크림과 카카오 버터, 물엿을 끓인다.

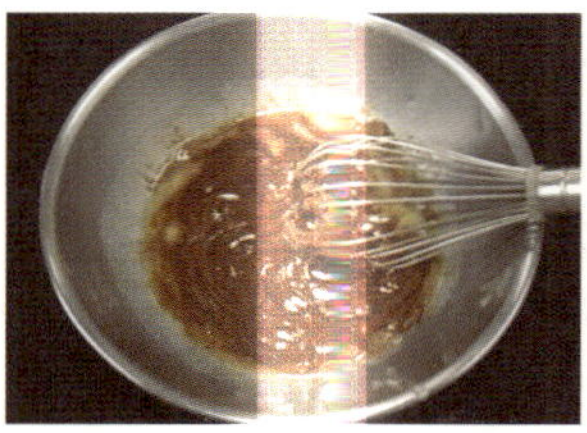

2

1)을 밀크 초콜릿에 넣어 섞어준다.

3

2)에 프랄리네를 넣어 섞어준다.

4

3)에 코엥트로 넣어 섞어준 후 냉장고에 넣어 굳힌다.(14~15℃)

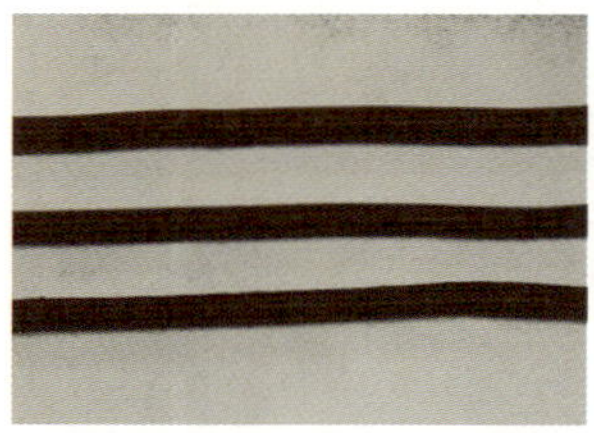

5

철판에 실펫을 깔고 지름 0.8~1㎝ 모양깍지에 담아 일자로 길게 짜준다.

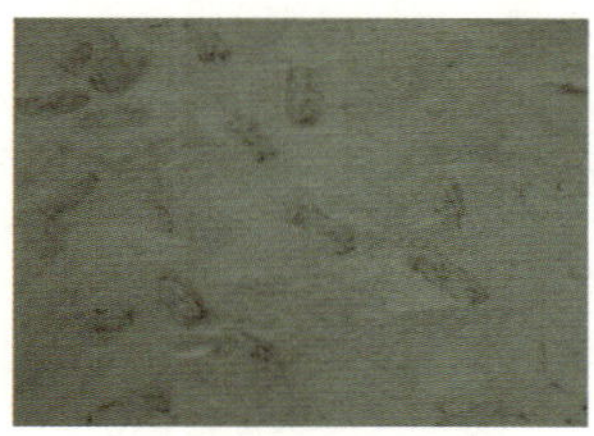

6

칼을 뜨거운 물에 담가 3㎝ 간격으로 자른 후 슈거파우더에 묻힌다.

Mocha

Mocha 모카

재 료

생크림 1[illegible] 트리몰린 70g, 커피분말 8g,
다크 초[illegible]210g, 그뤼에드 카카오 20g,
버터 50[illegible]

마무리

다크 초콜릿 적당량

1

손잡이 냄비에 생크림과 트리몰린, 커피분말을 넣고 끓인다.

2

다크 초콜릿에 1)을 넣고 섞는다.

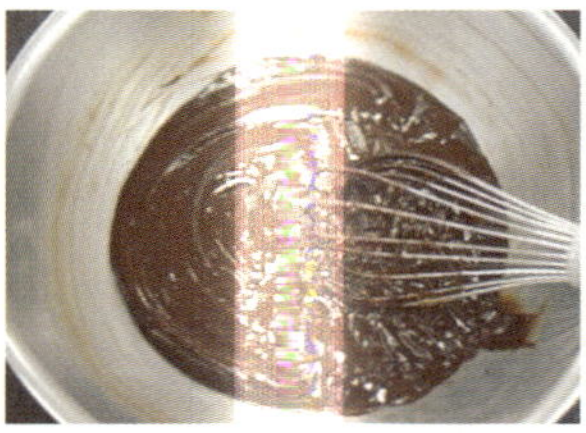

3

2)를 유화시킨다.

4

3)에 버터를 넣고 유화시킨다. 그뤼에드 카카오를 넣고 섞어준다.

5

초콜릿 몰드에 템퍼링한 다크 초콜릿을 넣어 겉을 씌워 굳힌다.

6

4)의 가나슈를 90% 짜준다.

7

6)에 다시 윗면을 다크 초콜릿를 씌운 다음 굳힌다. 커피빈 몰드에 다크 초콜릿을 부어 굳힌 후 윗면에 장식한다.

A Citron Ganache

A Citron Ganache 시트롱 가나슈

재 료

밀크 초콜릿 250g, 유자 100g, 우유 75g,
생크림 100g, 버터 50g, 벌꿀 30g

마무리

초콜릿 전사지

1

손잡이 냄비에 생크림, 우유, 유자, 벌꿀을 넣어 냄비에 넣어 끓인다.

2

밀크 초콜릿에 1)을 넣어 유화시킨다.

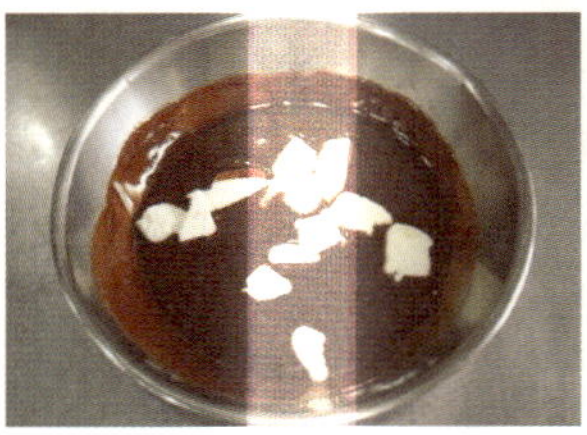

3

유화된 가나슈에 버터를 넣어 섞어준다.

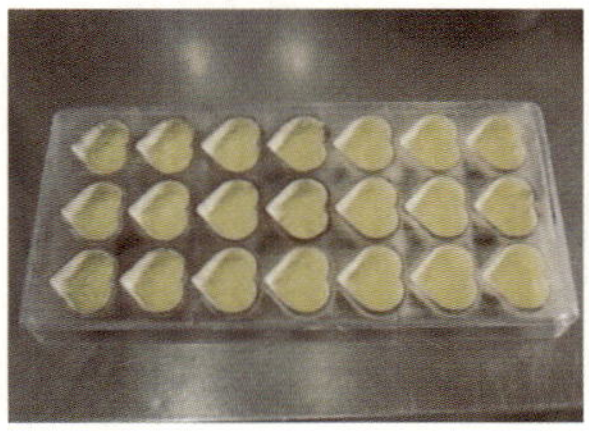

4

하트 몰드에 화이트 초콜릿을 얇게 씌운 후 굳힌다.(또는 마그네틱 몰드에 전사지를 깔고 다크 초콜릿을 얇게 씌운 후 굳힌다.

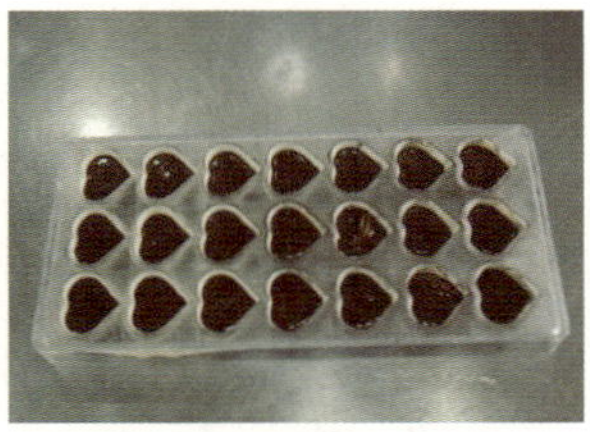

5

4)의 몰드에 가나슈를 90%를 비닐 짤주머니에 담아 짜준다.

6

5)의 윗면에 화이트 초콜릿을 씌운 후 굳힌다. (또는 마그네틱 몰드는 다크 초콜릿을 덮어준 후 굳힌다.)

Namachcco Feuilltine

Namachcco Feuilltine 생초코 푀이틴

재 료

밀크 초콜릿 90g, 플라리네 노와제트 186g,
시리얼 [illegible]g, 푀이틴 162g, 다크 초콜릿 345g,
물엿 36g, 생크림 308g

마무리

피스톨레 다크 50g, 카카오버터 50g,
초콜릿 색소 적당량
다크 초콜릿 적당량

1

밀크 초콜릿을 녹인 후 플라리네 노와젯트를 섞은 후 시리얼과 푀이틴을 넣어 섞는다.

2

24.5㎝×16.5㎝ 높이 1.5㎝에 넣어 펴준 후 굳힌다.

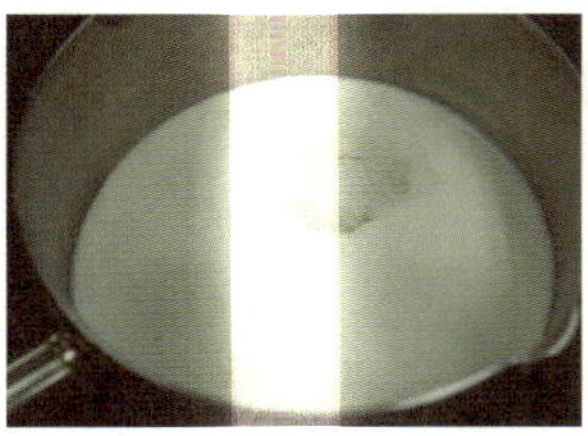

3

손잡이 냄비에 생크림과 물엿을 넣어 끓인다.

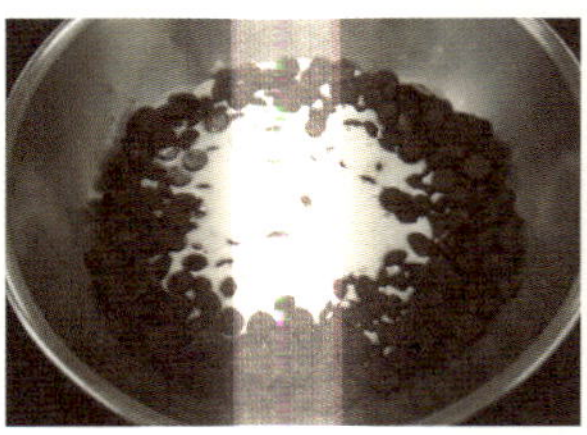

4

다크 초콜렛에 3)를 넣어 유화시킨다.

5

4)를 2)의 윗면에 조금 부은 후 얇게 편다. 나머지 가나슈를 부어 평평하게 편 후 굳힌다.

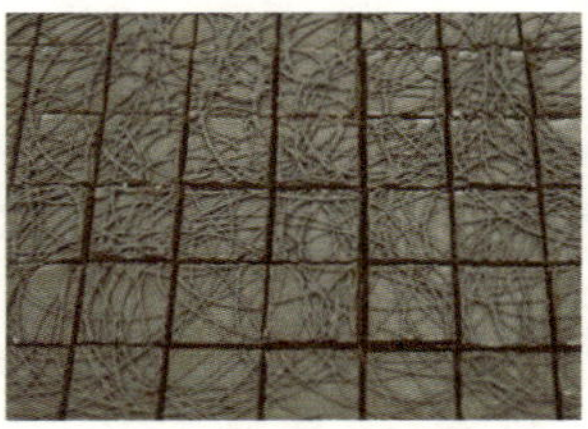

6

5)의 윗면에 다크 초콜릿으로 링 모양으로 짠 후 굳힌 후 2.8㎝×2.8㎝로 재단한다.

7

6)의 윗면에 피스톨레 한다.

Bonbon Praline au Quatre Epices

Bonbon Praline au Quatre Epices 4가지 향신료와 플라리네

재 료

플라리네 노와젯트 500g, 카카오버터 50g,
밀크 초콜릿 100g, 아몬드 분태 80g,
4가지 향신료 3g

마무리

밀크 초콜릿 적당량

1

밀크 초콜릿과 카카오 버터를 45℃로 녹여 섞는다. 4가지 향신료를 섞는다.

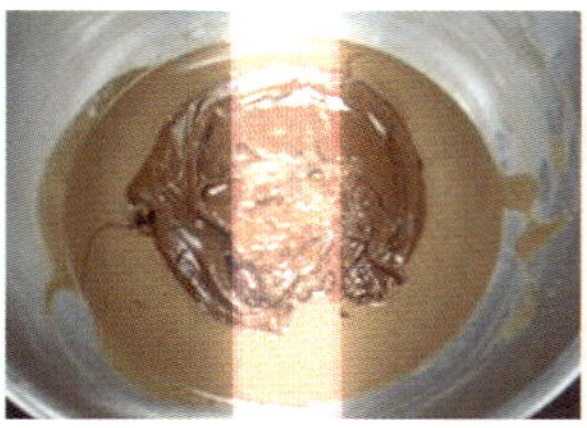

2

플라리네 노와젯트에 1)을 중앙에 넣어 혼합 22℃까지 식힌다.(대리석 위에 올려 식힌다.)

3

2)에 아몬드 분태를 넣어 섞는다.

4

3)을 24.5×16.5cm 높이 1.5cm에 부어 1일 굳힌다. 비닐을 깔고 사각틀에 뺀다.

5

4)을 4cm로 자른 후 하루 놓는다.

6

5)의 윗면에 밀크 초콜릿으로 전체 코팅한다. 조금 굳으면 밀크 초콜릿을 짜준다.

7

6)을 1~2cm로 자른다.

Tuiles Chocolate Blanc Coco

Tuiles Chocolate Blanc Coco 코코넛 튀일

재 료

화이트 초콜릿 150g, 약간 구운 코코넛 100g,
잘게 썬 피스타치오 60g, 카카오 버터 30g

1

화이트 초콜릿을 템퍼링 한다.

2

카카오 버터를 녹여 30℃로 식힌 후 1)에 넣어 혼합한다.

3

구운 코코넛, 잘게 썰은 피스타치오를 준비한다.

4

템퍼링한 화이트 초콜릿과 카카오 버터를 3)에 넣어 섞어준다.

5

팬에 물을 살짝 뿌린 비닐에 4)를 수저로 이용하여 원형으로 놓는다.

6

5)에 다시 비닐을 덮은 후 철판을 엎어 쳐서 펴준 후 굳힌다.

Valentine Bonbon

Valentine Bonbon 발렌타인 봉봉

재 료

설탕 225g, 물 87g, 물엿 87g, 발렌타인 125g

마무리

밀크 초콜릿, 다크 초콜릿 적당량

1

손잡이 냄비에 물, 설탕, 물엿을 넣고 100℃까지 끓인다.

2

1)을 70℃까지 식힌 후 발렌타인과 혼합한다.

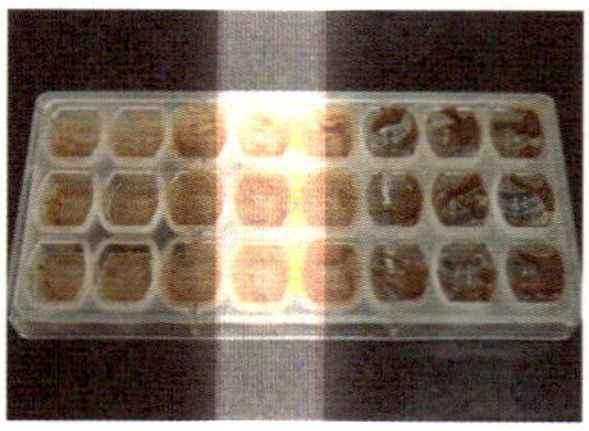

3

몰드에 밀크 초콜릿을 붓으로 발라서 모양낸다.

4

3)에 다크 초콜릿 겉을 씌운 후 굳힌다.

5

4)에 2)를 넣은 후 다크 초콜릿을 체크무늬로 짜 준 후 초콜릿을 굳힌다.

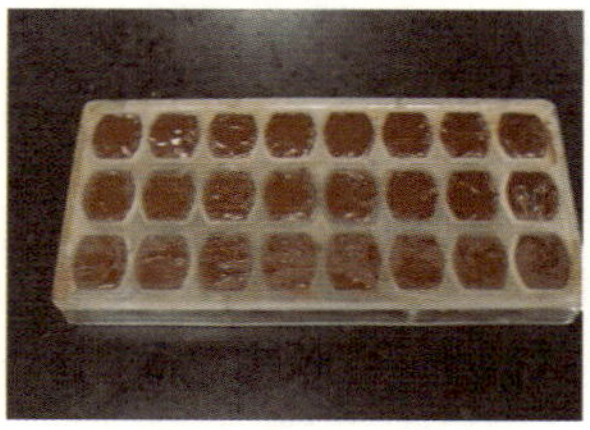

6

5)의 윗면에 다크 초콜릿을 씌운 후 굳힌 다음 꺼낸다.

Rosemary

Rosemary 로즈마리

재 료

생크림 11[illegible] 트리몰린 30g, 로즈마리 4g,
밀크 초콜[illegible]00g, 버터 30g

마무리

전사지, 화이트 초콜릿 적당량

1

손잡이 냄비에 생크림과 트리몰린을 끓인다.

2

1)에 로즈마리를 넣은 후 랩으로 밀봉한 다음 10분 이상 우려낸다.

3

밀크 초콜릿을 녹여 2)를 체에 로즈마리를 거른 후 넣어 유화시킨다.

4

포마드 상태의 버터를 3)에 넣어 섞어준다.

5

마그네틱 몰드에 전사지를 깔아준다.

6

5)에 화이트 초콜릿을 겉씌우기한다.

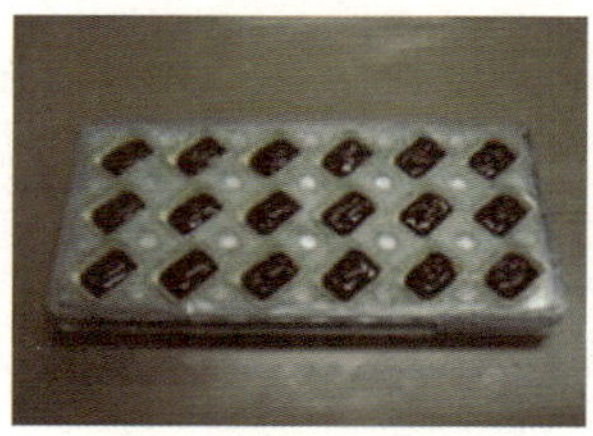

7

4)의 가나슈를 6)에 90% 짜준다.

8

7)의 윗면에 화이트 초콜릿을 씌운다.

9

8)이 굳으면 틀에서 초콜릿을 꺼낸다.

Ginger

Ginger 진저

재 료

생크림 200g, 트리몰린 20g, 생강가루 30g,
레몬 주스 15g, 다크 초콜릿 200g,
밀크 초콜릿 200g, 버터 50g

마무리

전사지, 다크 초콜릿 적당량

1

손잡이 냄비에 생크림과 트리몰린, 생강가루를 넣어 끓인다.

2

다크 초콜릿과 밀크 초콜릿에 1)을 넣어 섞어준다.

3

2)에 레몬 주스를 넣어 섞어준다.

4

3)에 포마드 상태의 버터를 넣어 유화시킨다.

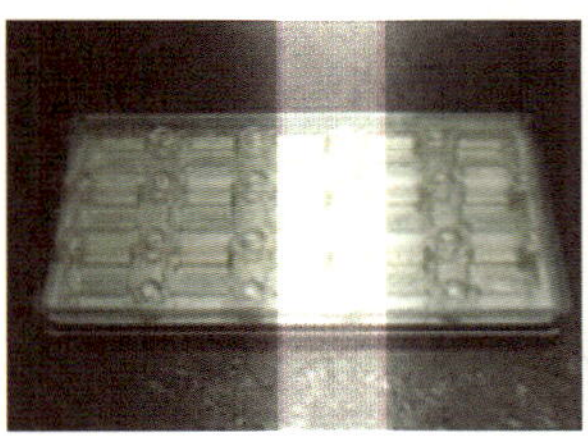

5

마그네틱 몰드에 전사지를 깔아준다.

6

5)에 다크 초콜릿을 겉 씌우기한다.

7

4)의 가나슈를 6)에 90% 짜준다.

8

7)의 윗면에 다크 초콜릿을 씌운다.

9

8)이 굳으면 틀에서 초콜릿을 꺼낸다.

Cointreau

Cointreau 코앵트로

재 료

생크림 [illegible], 트리몰린 30g,
다크 초콜릿 300g, 버터 30g, 코앵트로 40g

마무리

다크 초콜릿 적당량

1

손잡이 냄비에 생크림과 트리몰린을 넣어 끓인다.

2

1)을 다크 초콜릿에 넣어 유화시킨다.

3

2)에 포마드 상태의 버터를 넣어 유화시킨다.

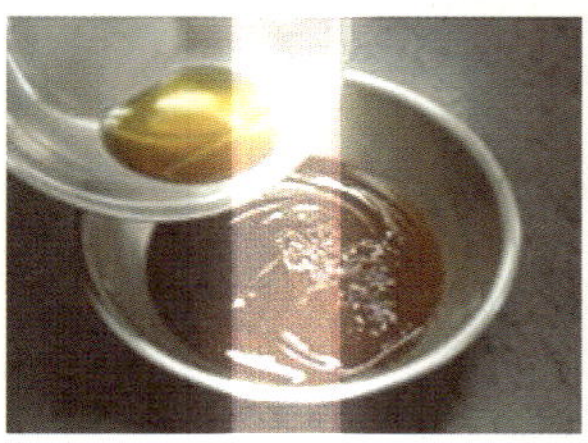

4

3)에 코앵트로를 넣어 섞어준다.

5

코앵트로틀에 다크 초콜릿을 부어 겉씌우기를 한다.

6

5)에 코앵트로 가나슈를 90% 짜준다.

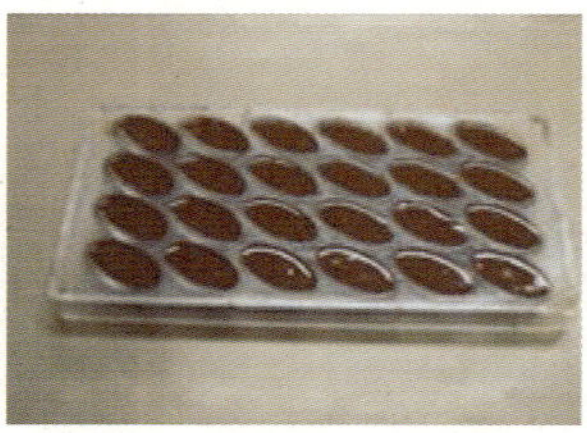

7

6)의 윗면에 다시 다크 초콜릿을 씌운다.

8

7)이 굳으면 틀에서 초콜릿을 꺼낸다.

Amande Caramelisee Chocolate

Amande Caramelisee Chocolate 아몬드 캐러멜 초콜릿

재 료

통아몬드 170g, 설탕 60g, 물 15g, 버터 10g,
다크 초콜릿 200g

마무리

카카오 파우더 적당량

1

손잡이 냄비에 물과 설탕을 넣어 끓인다.

2

1)을 114~120℃까지 끓인다.

3

2)에 통아몬드를 넣어준다.

4

3)을 저어 결정화를 만든다.

5

4)를 더 끓여서 캐러멜화시킨다.

6

5)에 버터를 넣어 아몬드를 분리시킨다.

7

6)을 실리콘 페이퍼에 부어 식힌다.

8

7)를 식힌 후 초콜릿을 1/3~1/2 정도 넣어 저어준다. 나머지 초콜릿을 넣어 보올을 돌려주면서 하나씩 초콜릿을 코팅한다.

9

8)에 카카오 파우더를 부어 묻혀준다.

Honey Lemon

Honey Lemon 허니 레몬

Honey lemon Caramel

재 료

생크림 90g, 꿀 30g, 설탕 120g,
레몬 주스 10cc

마무리

다크 초콜릿 적당량

1

손잡이 냄비에 꿀과 설탕 1/3을 넣어 갈변화시킨다.

2

1)에 나머지 설탕을 넣어 캐러멜화시킨다.

3

따뜻하게 한 생크림을 2)에 넣어 섞어준다.

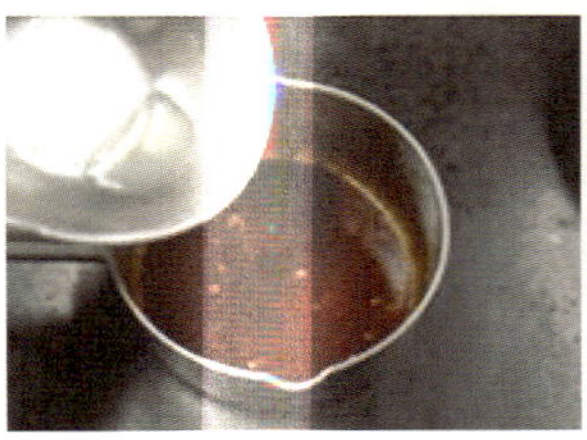

4

3)을 식힌 후 레몬 주스를 넣어 섞는다.

Amande Gianduja

재 료

밀크 초콜릿 70g, 아몬드 플라리네 100g

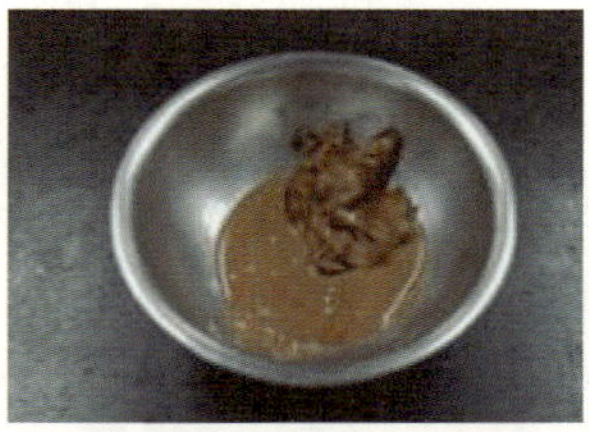

1

녹인 밀크 초콜릿에 아몬드 플라리네를 넣어 섞어준다.

마무리

1

초콜릿 컵몰드에 다크 초콜릿 넣어 겉씌우기를 한다.

2

1)이 굳으면 초콜릿을 꺼낸다.

3

2)에 A)를 90% 정도 짜준다.

4

3)의 윗면에 다시 B)를 별모양깍지에 담아 짜준다.

5

4)의 윗면에 오렌지 필을 장식한다.

Bonbon Mangue Abricot

Bonbon Mangue Abricot 봉봉 망고 애브리코트

재 료

다크 초콜릿 240g, 망고퓨레 125g,
패숀퓨레 15g, 생크림 30g, 트리몰린 25g,
버터 40g, 애프리코트 리큐르 15g,
드라이 살구 75g

마무리

OPP, 전사지, 다크 초콜릿 적당량

1

손잡이 냄비에 생크림과 트리몰린을 끓인다.

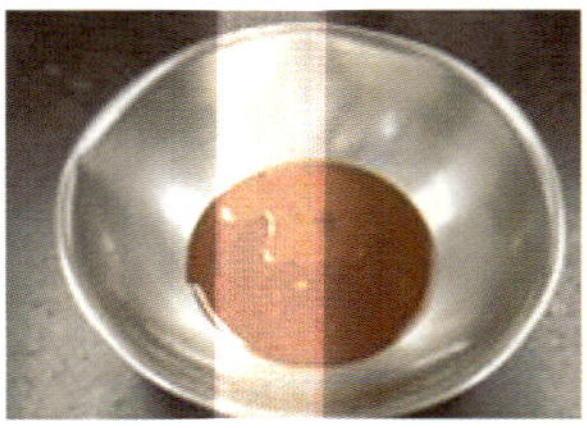

2

녹여놓은 초콜릿에 1)을 1/2넣어 섞어준다. 다시 1)의 나머지를 넣어 섞어준다.

3

2)에 따뜻하게 한 망고퓨레와 패숀퓨레를 1/4 넣어 유화시킨다. 1/4량을 다시 넣어 섞은 후 나머지를 넣어 유화시킨다.(38℃까지 식힌다)

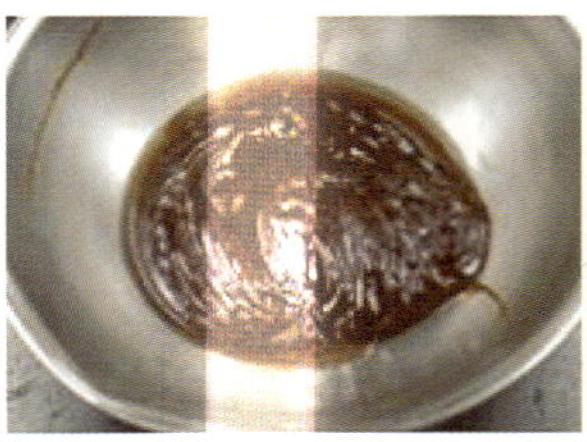

4

3)에 애프리코트 리큐르를 넣어 섞어준다.

5

4)에 버터를 넣어 바믹서로 섞어준다.

6

5)에 잘게 자른 드라이 살구를 넣어 섞어준 후 24.5×16.5㎝ 높이 1.5㎝에 부어 1일 굳힌다.

7

6)의 사각틀을 제거한 후 2×2.5cm로 자른다.

8

7)을 템퍼링한 다크 초콜릿에 넣어 디핑한 후 윗면에 전사지와 OPP를 올려준다.

9

전사지와 OPP를 제거한 완성품

Gélatine Mold

Gélatine Mold A 젤라틴 몰드 만들기(A형)

재 료

젤라틴 2[illegible] 물 375g, 설탕 420g, 물엿 75g

마무리

화이트 초콜릿 적당량

1

재료를 준비한다.

2

손잡이 냄비에 물과 설탕을 넣어 끓인다.

3

2)가 끓으면 물엿을 넣고 다시 끓인다.

4

젤라틴을 물에 넣어 팽윤시킨 후 물을 제거한다.

5

3)에 4)의 불린 젤라틴을 넣어 끓이다.

6

5)를 보울에 옮겨 놓는다.

7

6)의 윗면에 있는 찌거기 제거를 위하여 위생종이를 얹어준다.

8

위생종이를 제거한다.

9

틀을 만들 인형과 통을 준비한다.

10

통에 젤라틴을 1cm 정도 부운 후 냉장고에 넣어 굳힌다.

11

10)이 굳으면 인형을 넣어 준다.

12

11)의 틀에 젤라틴을 가득 부어준 후 냉장고에 넣어 굳힌다.

13

12)의 틀을 제거한다.

14

굳은 젤라틴 몰드를 칼을 이용하여 반으로 나눈다.

15

인형을 제거한 후 젤라틴 몰드를 합친 후 랩으로 감싸준 후 템퍼링한 화이트 초콜릿을 넣어 냉장고에 넣어 굳힌다.

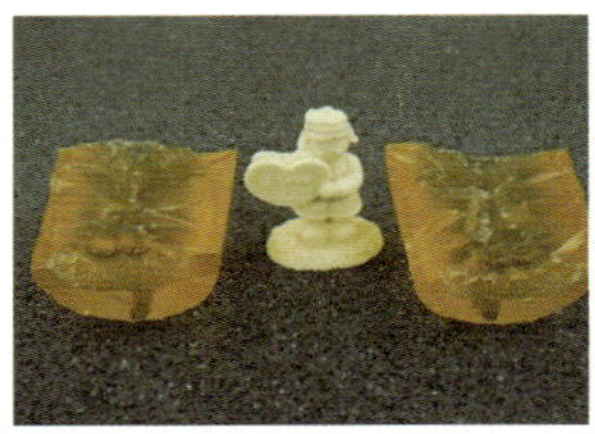

16

초콜릿이 굳으면 틀을 젤라틴 몰드에서 분리한다.

17

젤라틴 몰드를 이용하여 만든 초콜릿

Gélatine Mold B 젤라틴 몰드 만들기(B형)

재 료

젤라틴 255g, 물 375g, 설탕 420g, 물엿 75g

1

재료를 준비한다.

2

손잡이 냄비에 물과 설탕을 넣어 끓인다.

3

2)가 끓으면 물엿을 넣고 다시 끓인다.

4

젤라틴을 물에 넣어 팽윤시킨 후 물을 제거한다.

5

3)에 4)의 불린 젤라틴을 넣어 끓이다.

6

5)를 보올에 옮겨 놓는다.

7

6)의 윗면에 있는 찌거기 제거를 위하여 위생종이를 얹어준다.

8

위생종이를 제거한다.

9

젤라틴을 넣어 굳힌 모양

10

9)의 젤라틴 몰드에서 제거한 것

11

10)의 젤라틴 몰드에 템퍼링한 화이트 초콜릿을 넣어 굳힌다.

12

11)이 굳으면 화이트 초콜릿을 꺼낸다.

Silicone Mold 실리콘 몰드 만들기

재 료

실리콘 1300번과 경화제(흰색)
실리콘 1402번과 경화제(주황색)

마무리

화이트 초콜릿 적당량
다크 초콜릿 적당량

1

실리콘을 이용하여 만든 하회탈

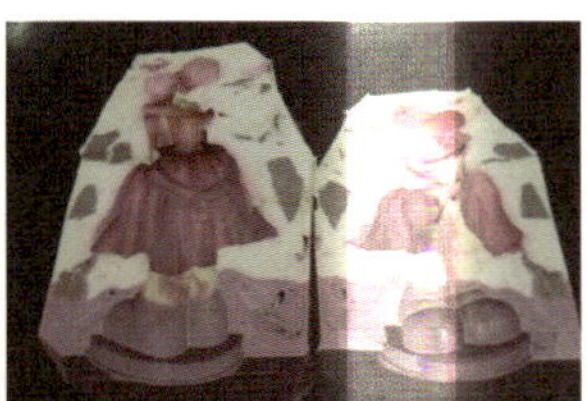

2

실리콘을 이용하여 만든 연인들

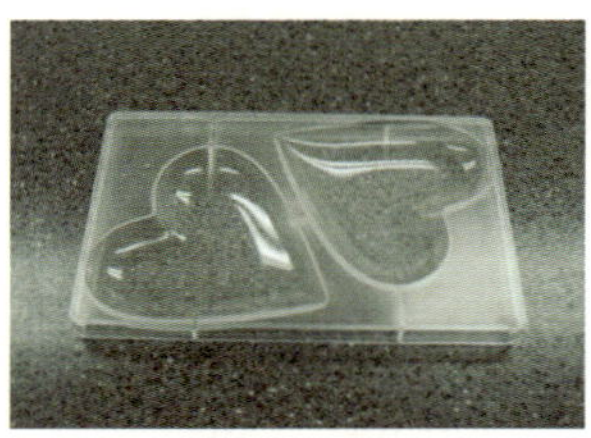

3

하트 초콜릿 몰드를 준비한다.

4

3)에 템퍼링한 화이트 초콜릿을 발라준 후 굳힌다.

5

4)가 굳으면 템퍼링한 다크 초콜릿을 부어 굳힌다.

6

1)의 하회탈에도 템퍼링한 다크 초콜릿을 부어 굳힌다.

7

6)의 연인들 실리콘 몰드에도 템퍼링한 다크 초콜릿을 가득 부어 굳힌다.

8

하트 초콜릿 몰드에서 초콜릿을 분리시킨다.

9

실리콘 하회틀도 틀과 초콜릿을 분리시킨다.

10

연인 실리콘 틀의 초콜릿과 틀을 분리시킨다.

11

8), 9), 10)을 붙여준다.(실리콘 몰드를 이용하여 만든 초콜릿

Chocolate Decoration 1 초콜릿 장식 1

Chocolate Decoration 2 초콜릿 장식 2

Chocolate Decoration 3 초콜릿 장식 3

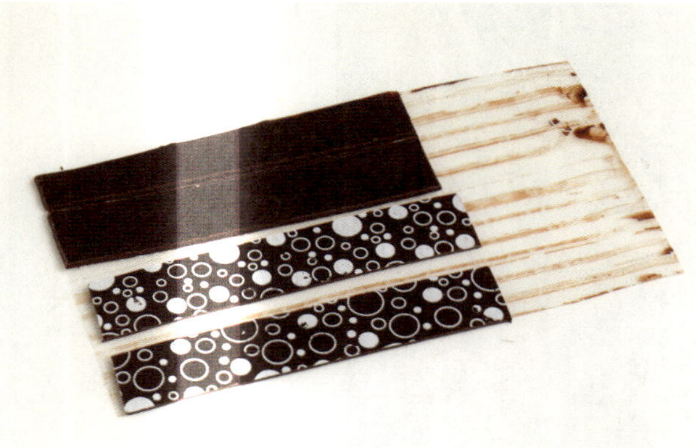

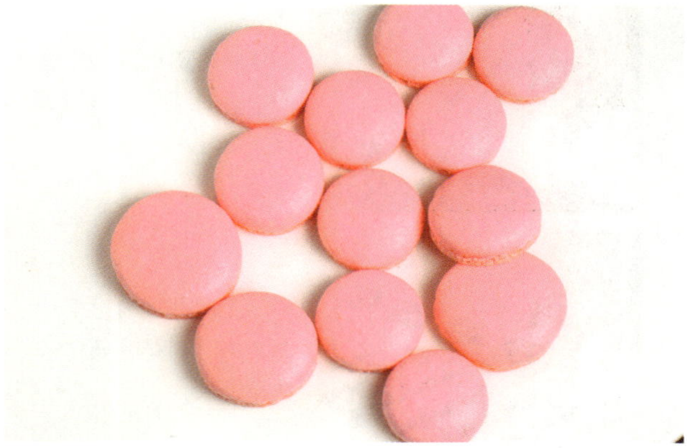

Chocolate Decoration 4 초콜릿 장식 4

■ 꽃 만드는 방법

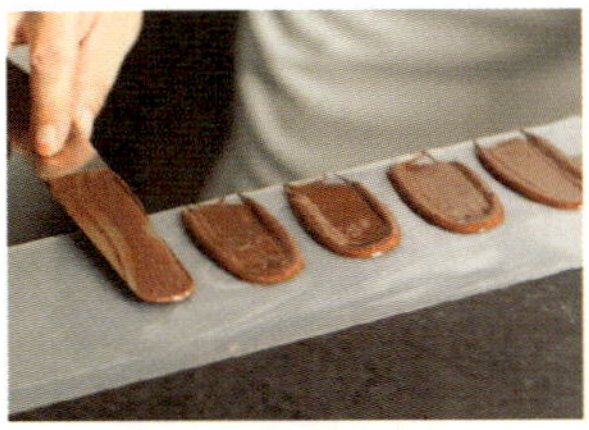

1

스파튜라를 이용하여 템퍼링한 초콜릿을 비닐에 긁어준다.

2

비닐 짤주머니에 초콜릿을 담아 원형과 꽃술을 짜준다.

3

초콜릿을 비닐에 짜준 후 작은 스파튜라로 모양을 낸다.

Flower A 꽃 A

Flower B 꽃 B

■ 초콜릿 색소 사용방법

1

원형 몰드에 초콜릿 색소 노란색을 뿌려준다.

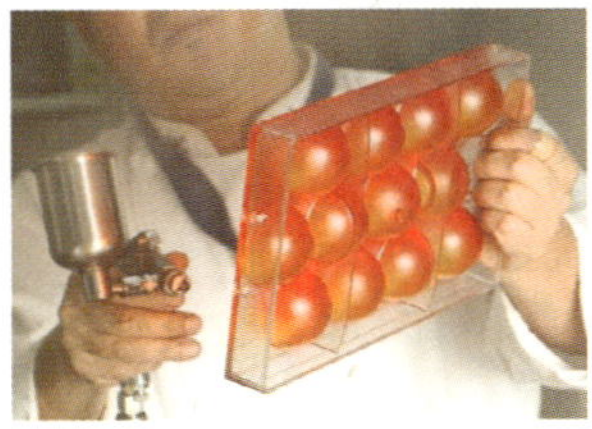

2

1)에 다시 빨간색을 뿌린다.

3

2)를 굳힌다.

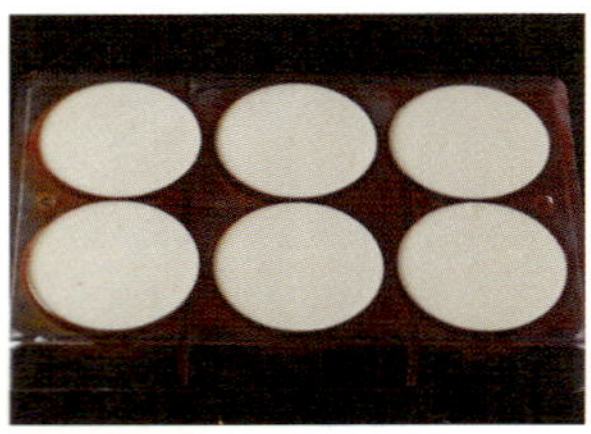

4

템퍼링한 화이트 초콜릿을 3)에 부어준다.

5

4)가 굳으면 틀에서 제거한다.

가토 Gâteau (영 : Cake)

Crème Fraiche 빗살무늬 생크림

Chiffon Crème Fraiche 쉬폰 생크림

Cacao Crème Fraiche 코코아 생크림

Fraise Resin Crème Fraiche 딸기레즌 생크림

Goutte Crème Fraiche 물방울 생크림

Thé Vert Crème Fraiche 녹차 생크림

Ganache Crème Fraiche 가나슈 생크림

Thé Vert Resin Crème Fraiche 녹차 레즌 생크림

Banane Raisin Crème Fraiche 바나나 레즌 생크림

Ganache Crème Fraiche 가나슈 빗살 생크림

Jarre Crème Fraiche 항아리 생크림

Fraise Resin Crème Fraiche 딸기레즌 생크림

Fruit Crème Fraiche 과일 생크림

Larme Gâteau 눈물케이크

Chocolate Plastique Gâteau 초콜릿 플라스틱 케이크

Corbeille de Fleurs Gâteau 꽃바구니 케이크

Bouquet Mariage Gâteau 부케 웨딩케이크

Palais Royal 우리들의 궁전

Noel 스마스

Marie 랑신부

Amour 사랑

Santa Claus 산타 할아버지

Champignon 버섯

Rose 꽃

Edelweiss 에델바이스

케이크와 역사

동양에서 쌀을 가공한 밥, 떡, 과자가 만들어졌듯이, 서양에서는 밀가루를 가공한 빵 케이크가 만들어졌다. 서양 케이크가 동양의 과자와 다른 점은 일찍부터 단맛을 내는 꿀, 계란, 동·식물성 기름, 버터, 치즈를 사용했을 뿐만 아니라 발효반죽으로 만들었다는 것이다.

처음 케이크 형태를 갖춘 케이크가 출현한 곳은 이집트, 과일과 꿀을 넣어 설탕절임한 과일, 천연 얼음으로 만든 샤벳트가 그것이다. 8~9세기 그리스에서는 이미 계란, 유자를 넣어 만든 케이크가 100종류에 달해 있었다.

로마 제국 시대에 비로소 빵과 케이크가 분류되었다. 3~13세기에 걸친 1000년 동안은 종교 과자가 득세한 시대였다. 그때는 교회, 왕후, 귀족들만이 빵, 케이크, 오븐을 갖고 있으면서 평민들에게 그 사용료를 물게 하는 특권 제도가 있었다. 11~13세기는 십자군 원정으로 동방에서 설탕, 향신료가 들어오게 됨으로써 케이크의 품질이 높아졌다.

또 15~16C에는 포르투갈, 에스파냐가 중심이 되어 이어졌다. 동양으로 가는 뱃길이 열리고, 신대륙이 발견됨에 따라 동양에서 유입된 설탕, 향신료로써 케이크의 질을 높였다. 그와 동시에 인권존중의 분위기가 고조되어 빵 케이크 오븐을 교회에서 독점하는 제도는 무너졌다.

18C는 영국에서 산업혁명이 일어났다. 그 결과 증기기관을 갖춘 공장에서 여러 가지 케이크를 많이 만들어 낼 수 있었다. 반면, 대량 생산에 알맞지 않은 생과자는 프랑스를 중심으로 하여 만들어졌다. 19C가 되면 유럽 전체에 첨채당, 사탕무우가 보급되어 첨채당의 공급체제가 이루어짐으로써 이때 비로소 케이크가 대중화되었다. 그리고 20C에 들어 점차 다양화, 국제화되고 있다.

기본 모양깍지 짜는 방법 1

케이크의 유래

케이크는 서양에서 전래된 음식으로 이제는 우리 문화에서도 매우 친숙해진 것 중의 하나이다. 흔히 "축하", "무병장수에 대한 기원", "약혼 및 결혼" 등의 경사에서 빠뜨릴 수 없는 필수 음식이 된 케이크는 대중예술의 총아인 영화에서도 극중 긴장감이나 사실감을 부각시켜 주기 위해 아주 요긴하게 쓰이기도 한다.

생일 케이크를 촛불로 장식해서 생일파티를 갖게 된 것은 언제부터일까? 인류학자들은 "중세 독일 농민들 사이에서 '킨테 페스테' 라고 하는 어린이를 위한 생일 축하 행사가 기원이 되었다"라고 주장한다. '킨테 파스테'는 생일을 맞은 아침에 눈을 뜨면 촛불로 장식된 케이크를 아이 앞에 놓으면서 시작되며, 이 촛불은 저녁 식사 때 온 가족이 케이크를 먹을 때까지 계속 켜 놓았다. 특히 촛불은 아이 나이보다 하나 더 많게 하여 밝혀 놓았는데 하나 더 많게 밝힌 그 촛불은 "생명의 등불을 의미"하는 것이었다고 한다.

생일을 맞은 아이들은 선물과 음식을 나눠 먹고 소원을 빌며 촛불을 끄는 오늘날의 관습도 바로 독일의 '킨테페스테'에서 유래된 것으로 "촛불은 단숨에 끌 것", "소원은 꼭 비밀에 부쳐야 할 것" 등 오늘날까지 내려오고 있다.

요즈음 청소년들 사이에서 벌어지는 케이크 크림 씌우기 등은 '루킹래징 oking Razzing이라 불리는 서양인의 오랜 관습 중 하나이다. 이것은 "신체에 피해가 가지 않는 범위 내에서 벌이는 장난으로 상대방에게 호의적인 태도로 받아들여져 웃고 즐기며 친분관계를 확인하는 풍습으로 이어져 내려오고 있다.

기본 모양까지 짜는 방법 2

Crème Fraiche

Chiffon Crème Fraiche

Crème Fraiche 빗살무늬 생크림

1

케이크에 생크림을 아이싱하여 무스띠 등을 이용하여 돔 모양을 만든다.

2

무스띠를 이용하여 빗살무늬를 모양낸다.

3

각종 과일과 초콜릿, 사인판으로 장식한다.

Chiffon Crème Fraiche 쉬폰 생크림

1

케이크에 생크림을 아이싱하여 무스띠 등을 이용하여 돔 모양을 만든다.

2

옆면은 삼각칼로 모양을 내고 윗면에는 스파튜라를 이용하여 모양을 내 준다.

3

각종 과일과 별모양 초콜릿, 사인판으로 장식한다.

Cacao Crème Fraiche

Fraise Resin Crème Fraiche

Cacao Crème Fraiche 코코아 생크림

1

케이크에 생크림을 아이싱하여 무스띠 등을 이용하여 돔 모양을 만든다.

2

삼각칼 무스띠를 이용하여 모양을 낸다.

3

코코아를 옆면에 뿌린 후 쉬폰모양깍지로 생크림을 짜준다.

4

각종 과일과 초콜릿, 사인판으로 장식한다.

Fraise Resin Crème Fraiche 딸기레즌 생크림

1

케이크에 생크림을 아이싱하여 무스띠 등을 이용하여 돔 모양을 만든다.

2

옆면에 딸기레즌+미로와을 짜준 후 도구를 이용하여 모양을 낸 후 윗면에는 생크림을 삼각칼로 모양을 낸 후 수저를 이용하여 모양을 낸다.

3

각종 과일과 초콜릿, 사인판으로 장식한다.

Goutte Crème Fraiche

Thé Vert Crème Fraiche

Goutte Crème Fraiche 물방울 생크림

1

케이크에 생크림을 아이싱하여 무스띠 등을 이용하여 돔 모양을 만든다.

2

무스띠를 이용하여 밑에서 위로 긁어 모양을 낸다.

3

쉬폰모양깍지로 생크림을 짠 후 각종 과일과 초콜릿, 사인판으로 장식한다.

4

미로와를 짜준다.

Thé Vert Crème Fraiche 녹차 생크림

1

케이크에 생크림을 아이싱하여 무스띠 등을 이용하여 돔 모양을 만든다.

2

옆면에 녹차 레이즌을 짜준 후 무스띠를 이용하여 밑에서 위로 모양을 낸다.

3

생크림을 얇게 격자로 짜준다.

4

각종 과일과 초콜릿, 사인판으로 장식한다.

Ganache Crème Fraiche

Thé Vert Resin Crème Fraiche

Ganache Crème Fraiche 가나슈 생크림

1

케이크에 생크림을 아이싱하여 무스띠 등을 이용하여 돔 모양을 만든다.

2

초코시럽을 옆면에 짜준 후 무스띠를 이용하여 밑에서 위로 모양낸다.

3

각종 과일과 초콜릿, 사인판으로 장식한다.

Thé Vert Resin Crème Fraiche 녹차 레즌 생크림

1

케이크에 생크림을 아이싱하여 무스띠 등을 이용하여 돔 모양을 만든다.

2

녹차레즌을 전체 씌워준다.

3

스파튤라로 생크림을 떠서 놓는다.

4

각종 과일과 초콜릿, 사인판으로 장식한다.

Banane Resin Crème Fraiche

Ganache Crème Fraic

Banane Resin Crème Fraiche 바나나 레즌 생크림

1

케이크에 생크림을 아이싱하여 무스띠 등을 이용하여 돔 모양을 만든다.

2

원형으로 생크림을 짜준 후 오렌지레즌을 전체 씌워준다.

3

각종 과일과 별모양 초콜릿, 사인판으로 장식한다.

Ganache Crème Fraiche 가나슈 빗살 생크림

1

케이크에 생크림을 아이싱하여 무스띠 등을 이용하여 돔 모양을 만든다.

2

초코시럽을 옆면에 돌려 짜준 후 도구를 이용하여 밑에서 위로 사선으로 긁어 모양을 낸다.

3

원형모양깍지로 윗면에 원모양으로 짜준다.

4

각종 과일과 초콜릿, 사인판으로 장식한다.

Jarre Crème Fraiche

Fraise Resin Crème Fraiche

Jarre Crème Fraiche 항아리 생크림

1

케이크에 생크림을 아이싱하여 무스띠 등을 이용하여 돔 모양을 만든다.

2

밑면에 초코시럽을 짜준 후 무스띠를 이용하여 쳐주면서 모양을 낸다.

3

옆면 위에는 원형을 짜준 후 스파튜라로 모양을 내준다.

4

각종 과일과 초콜릿, 사인판으로 장식한다.

Fraise Resin Crème Fraiche 딸기 레즌 생크림

1

케이크에 생크림을 아이싱하여 무스띠 등을 이용하여 돔 모양을 만든다.

2

딸기 레즌을 전체 씌워준다.

3

쉬폰모양깍지로 윗면에 모양을 짜준다.

4

각종 과일과 초콜릿, 사인판으로 장식한다.

Fruit Crème Fraiche

Larme Gâteau

Fruit Crème Fraiche 과일 생크림

1

케이크에 생크림을 이용하여 아이싱하고 옆면은 삼각칼로 긁어준다.

2

옆면에는 별모양깍지로 모양을 내고 윗면은 원형모양깍지로 모양을 낸다.

3

각종 과일과 초콜릿, 사인판으로 장식한다.

Larme Gâteau 눈물케이크

1

케이크에 생크림을 이용하여 아이싱하고 옆면은 가는 삼각칼로 모양을 낸다.

2

옆에는 가나슈(생크림1 : 초콜릿1)를 위에서 흐르듯이 짜준다.

3

윗면에는 쉬폰모양깍지로 모양을 짜준다.

4

각종 과일과 초콜릿, 사인판으로 장식한다.

Chocolate Plastique Gâteau 초콜릿 플라스틱 케이크

1

시트에 버터크림을 이용하여 아이싱한다.

2

코팅용 초콜릿을 녹여 전체 씌워준다.

3

초콜릿 플라스틱(초콜릿 100%+물엿 30%)으로 장미꽃과 잎, 넝쿨을 들어 장식한다.

4

옆면에 장식용 사각초콜릿을 붙이고 윗면에는 사인판초콜릿을 장식한다

Corbeille de Fleurs Gâteau 꽃바구니 케이크

Bouquet Mariage Gâteau
부케 웨딩케이크

Palais Royal 우리들의 궁전

Noel 크리스마스

Marie 신랑신부

Amour 사랑

Entremers Chauds Meringue 더운 머랭

재 료

흰자 100%, 설탕 170~180%, 슈가파우더 20~30%

Santa Claus 산타 할아버지

1

분홍색 반죽과 흰색 반죽으로 원형과 별모양깍지로 얼굴을 짜준 후 굳힌다.

2

코코아 반죽과 머랭을 섞어 발모양을 짜준 후 그 위에 분홍색 반죽과 흰색 반죽으로 몸통과 옷모양을 짜준 후 굳은 다음 얼굴을 붙인다.

Champignon 버섯

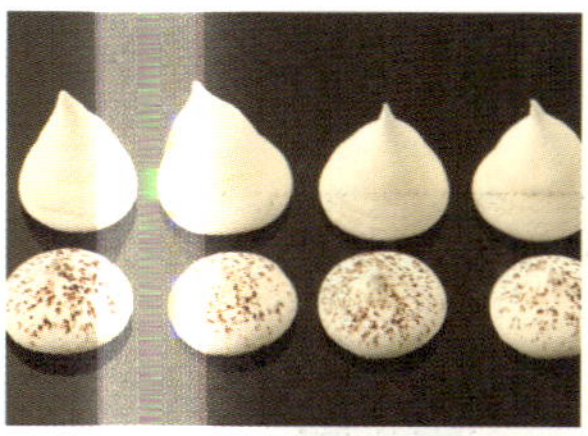

1

원형 모양깍지에 흰색 머랭 반죽을 담아 버섯모양을 짜준다. 윗부분에는 코코아를 뿌린 후 굳힌다.

2

1)이 굳으면 2개를 붙여준다.

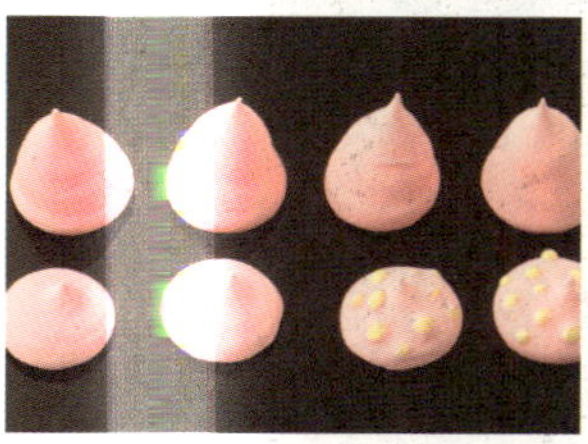

3

원형모양깍지에 분홍색 머랭 반죽을 담아 버섯모양을 짜준다. 윗부분에는 흰색 반죽을 짜준 후 굳힌다.

4

3)의 반죽이 굳으면 2개를 붙여준다.

케이크

Rose 장미꽃

Rose 장미꽃

Edelweiss 에델바이스

Rose 장미꽃

1

장미모양깍지에 흰색과 분홍을 섞어 장미모양을 짜준다.

2

1)에 다시 장미모양깍지로 장미모양을 짜준다.

3

완성품

Edelweiss 에델바이스

1

장미모양깍지를 이용하여 짠 에델바이스

2

1)에 다시 장미모양깍지로 에델바이스 잎을 짜서 완성시킨다.

마지팬 Marzipan

Panda 팬더

Snail 달팽이

Rabbit 토끼

Pig 돼지

Lion 사자

Dog 강아지

Crocodile 악어

Cat 고양이

Owl 부엉이

Frog 개구리

Orange 오렌지

Pears 서양배

Lemon 레몬

Strawberry 딸기

Banana 바나나

Cherry 체리

Avocado 아보카도

Persons 다양한 사람얼굴 모양

Santa Claus 산타 할아버지

Love Couple 연인

Fromage Ensemble 치즈와 함께

Sprite 도깨비

Patissier 제과인

Rose 장미꽃

Homme et Animaux 사람과 동물들

Fruits 과일들

Love Couple 연인들

Owl 부엉이들

마지팬

독 : Marzipan 프 : Pate d'amandes

설탕과 아몬드를 갈아 만든 페이스트이다.

독일어인 마르치판을 영국식 발음으로 마지팬이라 한다. 독일어로는 마르치판 이외에 마르치판마세, 만델마세라고도 한다.

프랑스에서는 아몬드 이외의 견과를 사용할 경우 마스Massepain이라는 용어를 쓴다. 이를 사용하여 호두를 이용한 페이스트를 마스팽 오 누아

Massepain au Noix라 한다. 그리고 이와 구별하여 아몬드 페이스트를 파트 다망드라 한다. 유럽은 마지팬의 성분에 대해 일정한 규격을 정해 놓고 있다. 나라마다 조금씩 차이를 보이는데 일반적인 규격은 당분 68% 이하10% 이하의 전화당 첨가는 허용, 수분 12.5%이다.

아몬드의 함량이 전체의 1/3 이하인 페이스트는 마지팬이라고 부르지 않는다.

마지팬이 갖는 부드러움이 꼭 점토같고 색들이기도 쉽기 때문에 꽃, 동물의 조형을 비롯한 여러 가지 조형이 가능하다.

배합은 마지팬을 굽는 과자에 이용할 경우 아몬드와 설탕의 비율을 1:1이 기본이고 세공인 경우 설탕량을 늘려 1:2로 한다. 기본적인 제법은 독일식, 프랑스식 2가지가 있다.

독일식에 의하면 먼저 마르치판로마세Marzipanrohmasse를 줄여서 로마세, 일명 로마지팬아몬드 2에 대해 설탕 1의 비율로 만든 반죽, 독일에서는 2:1로 만들도록 정해지고 있다이라 한다.

프랑스식 마지팬은 처음부터 아몬드와 설탕의 비율을 1:2로 만든다. 독일식에 비해 프랑스식은 아몬드와 설탕의 결합이 치밀하고 결이 고우며 색이 희다. 그래서 향과 색을 들이기도 더 수월하다. 그러나 아몬드함량을 높일 경우 마르치판 로마세라고 말한다.

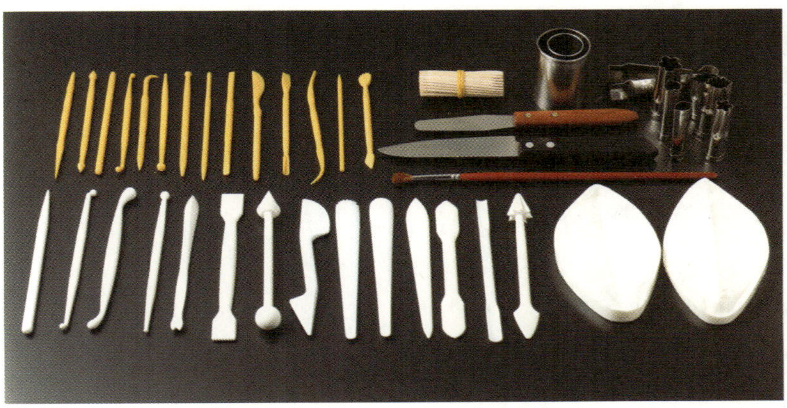

Marzipan 마지팬 도구들

Panda 팬더

1

갈색 마지판 원형에 흰색의 마지팬을 붙여서 원모양으로 몸통을 만들고 원형을 이용하여 마지팬 도구를 이용하여 손모양과 귀를 만든다.

2

갈색 마지판 원형에 흰색 마지팬 타원형을 붙여 원모양으로 얼굴을 만들고 작은 원형을 마지팬 도구를 이용하여 발모양으로 만든 후 흰색 마지팬 원형을 발바닥에 붙인다.

3

팬더의 머리, 몸통, 발과 손, 귀 등의 전체사진 나열

4

팬더 완성품

Snail 달팽이

1

갈색 마지팬 원형반죽을 마지팬 도구로 눌러 눈을 만들고 진한 갈색 마지팬 반죽 원형을 손으로 방망이 모양을 만든다. 흰색 마지팬 반죽을 눌러 중앙을 마지팬 도구로 눌러 이빨모양을 만든다.

2

갈색 마지팬 반죽 원형을 옆의 모양으로 만든 후 머리 부분을 세워 얼굴과 몸통을 만든다.

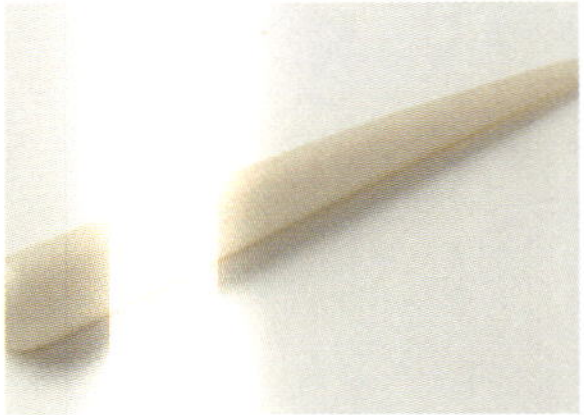

3

흰색 마지팬 원형반죽을 옆의 모양으로 만든 후 달팽이 모양으로 말아준 다음 토치로 그을려 몸통 위에 얹는다.

4

달팽이의 얼굴과 몸통, 더듬이, 눈과 등껍질, 이빨을 만든 전체사진 나열

마지팬

Rabbit 토끼

1

흰색 반죽으로 원형을 만든 후 타원형으로 한 다음 윗면을 잘라 머리 모양을 만든다.

2

마지팬 도구를 이용하여 귀 모양과 입, 웃는 모양을 찍어준 후 갈색반죽으로 코를 붙인다.

3

흰색 반죽으로 원형을 만든 후 다시 표주박 모양으로 만들고 다시 손 모양을 만들기 위하여 옆의 사진 모양으로 만든다.

4

토끼의 몸통, 손 모양과 얼굴을 만든 전체사진 나열

Pig 돼지

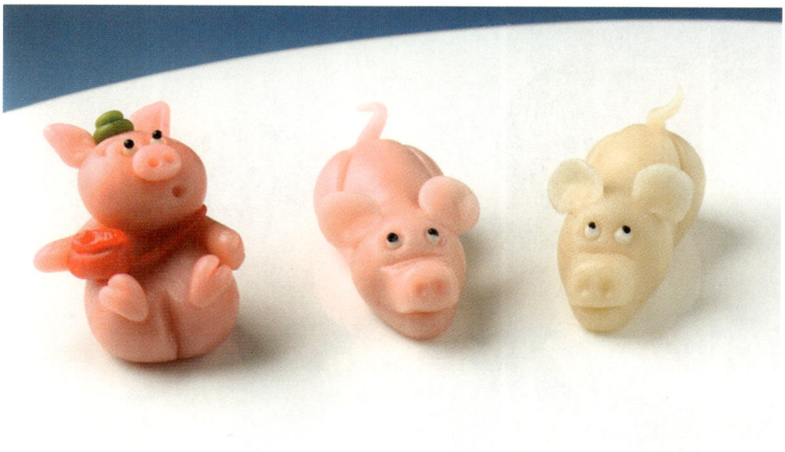

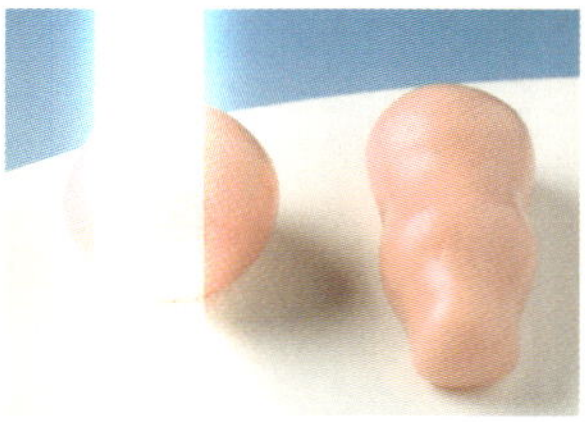

1

분홍색 반죽을 원형으로 만든 후 돼지 몸통과 얼굴 모양을 만든다.

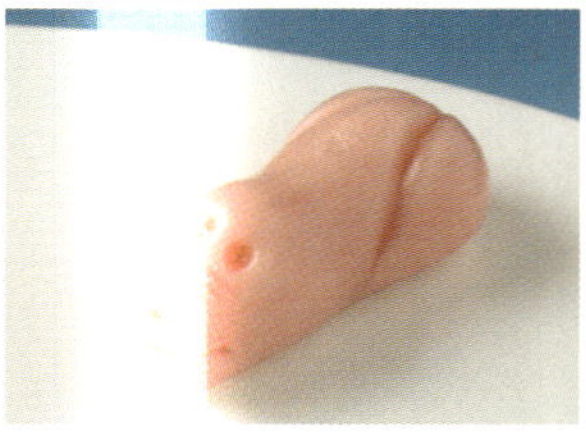

2

마지팬 도구를 이용하여 코와 눈, 엉덩이 부분을 만든다.

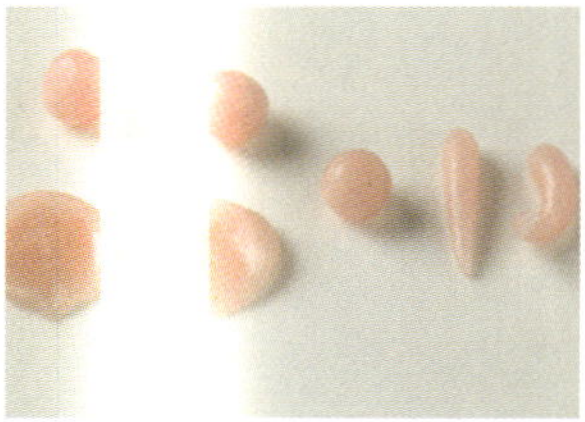

3

분홍색 반죽으로 귀 모양과 꼬리를 만든다.

4

몸통과 얼굴, 귀, 꼬리를 만든 전체사진 나열

Lion 사자

1

흰색 반죽으로 원형을 만든 다음 원기둥 모양으로 만든 후 손과 발 모양을 만든다.

2

흰색 반죽으로 조그마한 원형 2개와 큰 원형 1개를 만들어 얼굴을 만든다.

3

갈색반죽으로 갈기와 코를 만들고 얼굴을 넓적하게 누른 후 귀와 눈, 수염을 표현한다.

4

몸통과 손, 발, 얼굴, 귀를 만든 전체사진 나열

Dog 강아지

1

흰색 반죽으로 원형을 만든 후 원기둥모양으로 만든 다음 손 모양과 발을 만든다.

2

흰색반죽과 갈색 반죽으로 눈과 코, 수염을 만든다.

3

흰색반죽으로 얼굴을 만든 후 마지팬 도구로 귀와 코 수염을 붙인다. 눈과 코도 표현해 준다.

4

몸통과 손과 발 얼굴, 귀, 코, 수염을 만든 전체사진 나열

Crocodile 악어

1

녹색 마지팬 반죽을 원형으로 만든 다음 악어 몸통을 만든다.

2

녹색 반죽 원형을 만든 후 다시 발과 손 모양을 만든다.

3

녹색 반죽으로 원형을 만든 후 다시 마지팬 도구를 이용하여 코와 눈 모양을 만든다.

4

악어의 몸통과 손과 발 코와 눈의 전체 사진 나열

Cat 고양이

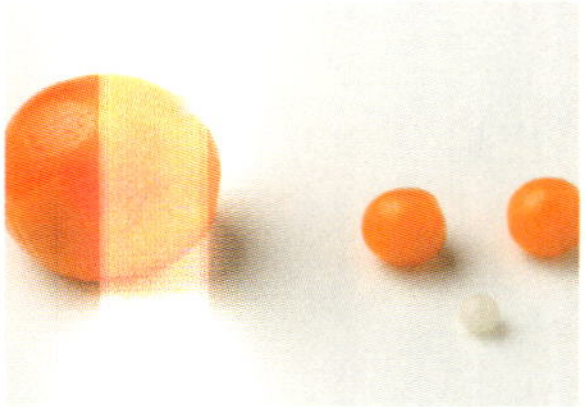

1

오렌지색 반죽으로 원형을 만든다.

2

1)을 고양이의 얼굴 모양을 마지팬 도구로 만든 후 귀를 붙여 준다.

3

몸통 모양과 꼬리 모양을 만든다.

4

얼굴 모양과 몸통 모양, 꼬리 모양의 전체사진 나열

Owl 부엉이

1

녹색 반죽으로 원형을 만든 후 몸통모양을 만든다. 조그마한 원형 반죽으로 날개를 만든다.

2

녹색 반죽으로 눈썹을 만든 후 노란 반죽으로 부리를 만든다. 갈색 반죽으로 발 모양을 만든다.

3

흰색 반죽을 원기둥 모양으로 만든다. 갈색 반죽을 얇게 밀어 편 후 마지팬 도구로 나무결 모양을 만든다. 녹색 반죽을 고운 체에 내려 머리카락을 만든다.

4

몸통과 날개, 눈썹, 부리 나무기둥, 머리카락의 전체사진 나열

Frog 개구리

1

녹색 반죽으로 원형을 만든 후 마지팬 도구를 이용하여 입과 코 모양을 만든다.

2

눈을 마지팬 도구로 만든 후 흰 반죽과 검은 반죽으로 눈을 만든다.

3

녹색 반죽으로 길게 손을 이용하여 모양을 만든 후 구부려서 다리 모양을 만든다.

4

얼굴 모양과 발 모양을 만든 전체사진 나열

Orange 오렌지

1

노란색 반죽과 녹색 반죽을 원형으로 만든다.

2

노란색 반죽을 원형으로 늘려 편 후 중앙에 녹색반죽을 넣어준다. 녹색과 노란색 반죽을 원형으로 만들어 둔다.

3

노란색 반죽을 원형으로 만든 후 마지팬 도구로 오렌지 속 부분의 모양을 만든 다음 슈거파우더를 뿌려준다. 2)에 3)을 넣어 감싸준다.

4

오렌지의 속 부분과 겉 부분, 줄기 부분의 전체사진 나열

Pears 서양배

1

노란색 반죽을 원형으로 만들어 놓는다.

2

1)을 서양배 모양으로 만든다.

3

갈색 반죽으로 가지 모양을 만들고 녹색 반죽으로 잎 모양을 만든다.

4

서양배 모양과 가지 모양과 잎 모양의 전체사진 나열

Lemon 레몬

1

노란색 반죽으로 원형을 만든다.

2

1)을 타원형으로 만든 후 다시 레몬 모양으로 만든다.

3

2)를 이쑤시개 뭉치를 이용하여 찍어준 후 초록색을 에어브러쉬로 가볍게 뿌린 다음 글씨를 써 준다.

4

레몬 모양을 만든 것과 글씨를 쓴 전체사진 나열

Strawberry 딸기

1

노란색 반죽을 원형으로 만든다.

2

1)의 반죽을 타원형으로 만든 다음 딸기 모양으로 만든 후 녹색 반죽으로 잎 모양과 가지 모양을 만든다.

3

2)의 반죽에 빨강을 뿌려준 후 가지와 잎을 붙여준다.

4

딸기 모양과 가지, 잎 모양의 전체 사진 나열

Banana 바나나

1

노란색 반죽을 원형으로 만든 후 다시 바나나 모양으로 만든다.

2

흰색 반죽을 바나나 모양으로 만든 후 노란색 반죽을 얇게 밀어 흰색 반죽을 넣어 감싼 다음 안이 보이게 잘라준다.

3

노란색 바나나에 갈색과 초록색을 에어브러쉬로 뿌려준다.

4

바나나 모양과 속이 보이게 만든 모양의 전체사진 나열

Cherry 체리

1

노란색 반죽을 원형으로 만든다.

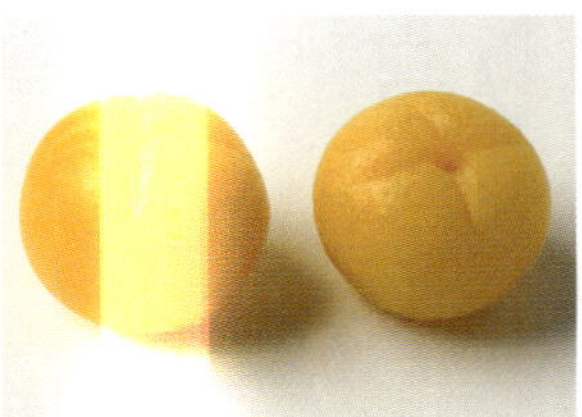

2

마지팬 도구로 모양을 만들어 준다.

3

녹색 반죽을 얇게 밀어 가지를 만든다.

4

체리에 빨강을 뿌려준다. 체리 모양과 가지 모양의 전체사진 나열

Avocado 아보카도

1

갈색 반죽을 계란 모양으로 만든다. 다시 이쑤시개 뭉치로 찍어 모양을 낸다.

2

계란 모양으로 만든 반죽을 1/2로 자른다.

3

노란색, 녹색, 갈색 반죽으로 모양을 낸 후 2)의 반죽 위에 붙여준다.

4

아보카도 모양과 자른 단면의 모양을 낸 전체사진 나열.

Persons 다양한 사람얼굴 모양

마지팬 도구를 이용하여 만든 사람얼굴들

Santa Claus 산타 할아버지

1

흰색 반죽과 얼굴 반죽으로 마지팬 도구로 수염과 귀, 코, 눈 등을 만든다.

2

빨간 반죽으로 모자와 손을 감싸는 옷 모양을 만든다.

3

흰 반죽으로 몸통 모양을 만든 후 빨간 반죽을 사각으로 밀어 감쌀 반죽을 만든다. 갈색반죽으로는 신발을 만든다.

4

얼굴 모양과 모자 발과 몸통 모양의 전체사진 나열

Love Couple 연인

1

얼굴 반죽을 마지팬 도구를 이용하여 만든 연인들의 얼굴들

2

발 모양과 머리카락 모양 옷 모양과 신발을 만든다.

3

모자와 머리카락 모양, 반바지 모양과 발 모양과 신발을 만든다.

4

연인의 얼굴과 발 모양, 옷 모양, 신발의 전체사진 나열

Fromage Ensemble 치즈와 함께

1

흰색 반죽을 사각으로 만든 후 마지팬 도구로 치즈 모양을 만든다.

2

얼굴 반죽으로 얼굴 모양과 귀, 코, 손 모양, 갈색 반죽으로 머리카락 모양을 만든다.

3

흰색 반죽으로 바케트 모양을 만든 후 토치로 그을린다. 빨간 반죽으로 모자를 만든다.

4

치즈 모양과 얼굴 모양, 바케트, 모자, 손 모양의 전체사진 나열

Sprite 도깨비

1

얼굴 반죽으로 원형을 만든 후 마지팬 도구로 얼굴 모양과 귀와 코 모양을 만든다. 갈색 반죽으로 머리카락 모양을 만든다. 빨간과 흰색 반죽으로 뿔 모양을 만든다.

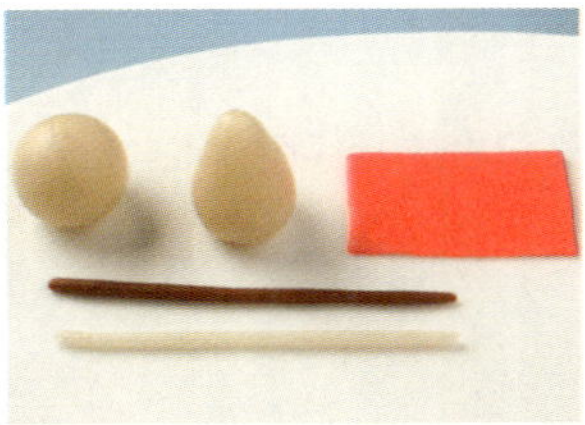

2

흰색 반죽으로 몸통을 만들고 빨간 반죽에 흰색과 갈색 반죽을 넣어 옷 모양을 만든다.

3

손 모양과 발 모양을 만든다.

4

얼굴과 몸통 발과 손, 머리카락을 만든 전체사진 나열

Patissier 제과인

1

얼굴 반죽을 원형으로 만든 후 얼굴 모양을 마지팬 도구로 만든다. 흰색 반죽을 얇게 밀은 후 마지팬 도구로 모자모양을 만든다.

2

흰색반죽으로 몸통을 만든 후 마지팬 도구로 모양을 낸 다음 작은 원형을 붙여 위생복 모양을 만든다.

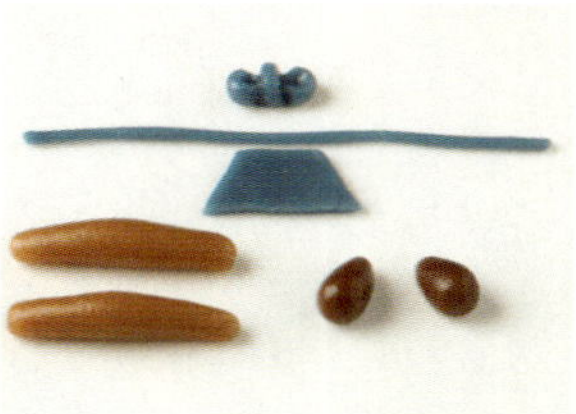

3

파란색 반죽으로 앞치마를 만들고 갈색 반죽으로 발 모양과 바케트 모양을 만든다.

4

얼굴 모양과 위생복과 앞치마 발의 전체사진 나열

Rose 장미꽃

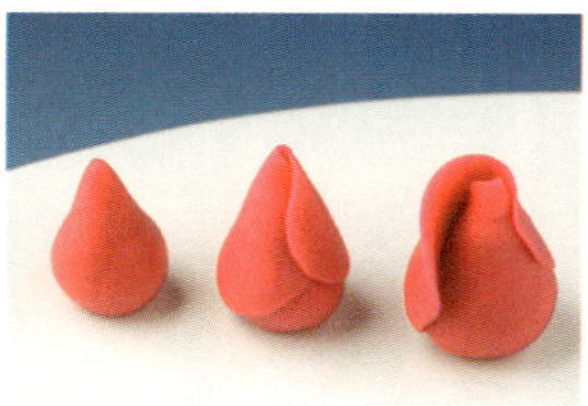

1

빨강 반죽으로 물방울 모양을 만든 후 잎을 한 장씩 붙여준다. 잎은 1장 →2장→3장→4장→5장 순으로 붙인다.

2

1)에 잎을 붙여준다.

3

2)에 잎을 붙인 중간사진

4

장미꽃 완성된 것과 만드는 순서도 전체사진 나열

■ 참고문헌

안호기 외 4인(2010), 디저트, 교문사

신길만 · 김동호(2001), 최신 디저트 서양과자, 대왕사

김상엽(1987), 양과자빵, 하서 출판사

최효근 · 최수근(1998), 디저트 이론과 실제, 형설출판사

서강헌(2010), 딜리셔스 초콜릿, 멘토르

이명호 외 2인(2004), 호텔지과제빵 입문, 기문사

박철수(2005), 박철수가 만드는 명품 양과자, 비앤씨월드

홍종흔 · 정영백(2007), 설탕공예 비법, 교학사

Pierre Herme(1997), Plaisire sucr' es

Wendy stephen(2003), The Essential Dessent Lookbook. Thunder Bay press(CA)

Jeamnne Bourin(2002), The Book of chocolate Flammarion

Wayne Gisslen(2002), Professional Balcing, John Wiley & Sons

Laurent Duchene & Bridget Jones(1997), Le Cordon Bleu Besseat Techniquse, William Morrow and company, Inc, New York

Entremets & Art 디저트 & 공예

2019년 1월 10일 초 판 인쇄
2019년 1월 20일 초 판 발행

저 자 이명호 · 김현석 · 박상준
발행인 한 인 환
발행처 도서출판 **기 문 사**
등 록 1978. 8. 9. NO. 6-0637
주 소 서울시 동대문구 안암로 50-1(용두동) 홍신빌딩 3층
전 화 02) 2265-7214/922-8662~8663
팩 스 02) 922-8772

homepage : www.kimoonsa.co.kr
e-mail : book@kimoonsa.co.kr

ISBN : 978-89-7723-811-4 13590

정가 : 23,000원